U0938339

街頭文物蹤跡

李澤恩@香港歷史研究社 著

萬里機構

序

去年九月，收到出版社的邀約，表示留意到敝社關於香港舊街牌的課題，有意邀請撰寫以此作題材的書刊。當刻我首先思考的是，除了近年開始較多人留意和關注的舊式街牌外，如何讓其他在街道上不太起眼的舊物，也能走進更多人的眼球？

回想 20 多年前的高中時期，正值香港主權回歸後不久，社會上各方面都急速變化，無論是廣泛替換英式郵筒、舊建築拆卸重建，甚至朝夕相對的巴士公司也有結束的一日。當時便開始拿起家中的傻瓜菲林相機，與幾位新相識的同儕，到處拍攝一些看似快將消失的事物，包括尚未被更換的舊郵筒、尋找隱藏在樓宇角落的舊街牌等等，亦從中培養出對香港歷史的興趣。

在街道上四處遊走期間，間中亦會發現一些貌似古舊、而又看似常見與少見之間的街頭物品，有時亦會略作拍攝，但礙於「燒菲林」時期的財力不足，或是數碼年代初期的儲存空間不足（其實也算是財力不足），未能仔細地多拍幾張細緻的相片；更甚是在乘車期間所看見的舊物，打算稍後抽空前往拍攝，但重臨之時舊物已逝，只能存留在記憶中。這種未能為舊物好好拍攝記錄的後悔感覺，就像近年網上經常流存的一句日本商店標語：「買って反省，買わずに後悔」（買了可以慢慢反省，不買卻只能後悔）。

現時的街頭舊物，由昔日常見直至變得少見時，路人尚可察覺其蹤影和變化；但部分已經變得稀有的舊物，因為見過的人不多，當其完全消失的時候，可能會無人知曉。因此，早在數年前，敝社已展開《香港道路志》計劃，旨在研究道路發展歷史，記錄全港各處與道路相關的碑記、文物等資料，但工作艱巨，難以一時三刻能夠完成。適逢今次本書的出版，可作為《香港道路志》的第一步，為這些街道上的舊物，留下一點在都市存在過的記憶。

但願各位讀者在看畢此書後，能增加對不同事物的興趣；當在街道上行走時，不妨眈天望地、細心發掘，看看這些古舊或有趣的東西會否就在身邊，但記緊要小心注意安全呢。

李澤恩 @ 香港歷史研究社

目錄

第二章　道路石頭記

第三章　街頭上的小文物

第一章
街道身世書

自從英國佔領香港島後，選定以港島北岸作為殖民地發展的中心，但在這座甚少天然平地的海島上，只能沿着海岸線及向半山加以推展。港島最早期的街道主要依據地貌而建，因此沿着原始海岸線修建的皇后大道，會顯得比填海後建立的德輔道等新路曲折多彎，而半山區大多以依順山勢橫向而建的彎曲平緩道路，與筆直陡斜連接山下的道路組成，甚至以梯級相連。

這種地理環境及道路規劃，亦影響着半山區的發展，在斜坡上以花崗石築砌擋土牆而成的平台，沿着道路建立，就像臺階般拾級而上；平台上所興建的樓房、公園等設施，形成山城的景貌。雖然在百多年後的今日，早期的建築物已所餘無幾，但這些舊城區的道路規劃、臺階、石牆等痕跡，成為了香港早期城市發展的見證。

1.1 街道標識的演變

開埠初期至戰前，主要街道大多會以王室成員、軍政官員等具殖民地色彩的名稱命名，作為對此等人物的紀念；而內街名稱則多與附近的地理、歷史、建設等相關，亦有整幅新發展區的街道以該些相關的詞彙命名，例如大角咀一系列的植物名稱街道，以及油尖區、香港仔等地以中國或東南亞商埠城市命名；而一些私人發展地段附近的街道大多由業主命名，例如東角一帶的怡和洋行、利園山一帶的利希慎家族等等，臺階發展的物業名稱亦已成為正式的街道名。

開埠初期由於只是城市發展的起步階段，清晰的地址並非必要，從當年的信件中可看到，即使只是寫上收件人的姓名及公司名稱，已經能順利派發信件。筆者多番觀察香港早期的圖片，在開埠後大約首半個世紀時段，極少能夠從中見到辨認街道的標記；但隨着道路網絡的增加，以及外來人口的移入，讓公眾能容易識別街道的需求自然增加。

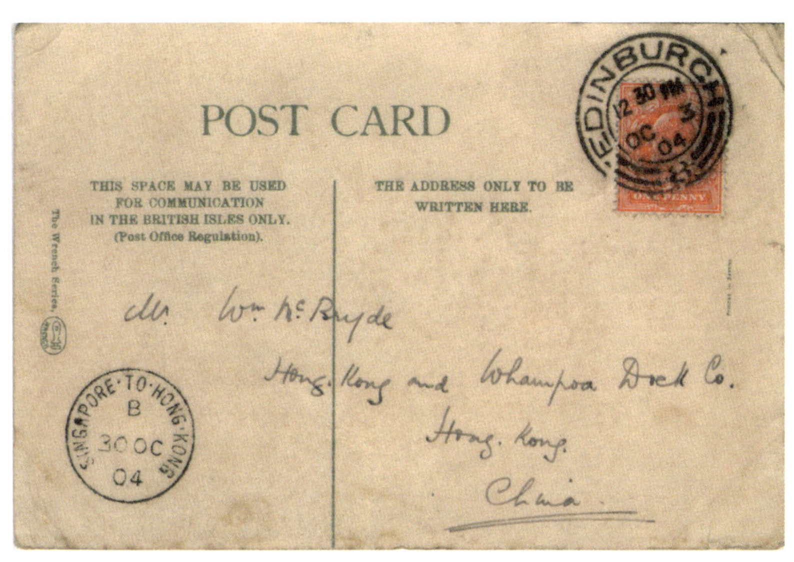

一封 1904 年由英國愛丁堡寄出的明信片，地址只寫上 Hong Kong & Whampoa Dock Co., Hong Kong, China，並沒有詳細的街道地址。

開埠初期的街道標識

香港於何時出現街道名稱標識的年份已不可考，但從一些可辨別年份的早期照片中觀察，暫時發現於1860年代已經有街牌的出現。雖而早期的街牌款式沒有劃一，但最常見為深色底色配以白色中英文街名的**方型牌**，懸掛在樓宇外牆，從此款街牌的厚度而言，有可能是以木板製作。

另外在早於1900年代拍攝的相片中，亦出現兩款只寫有英文的街牌，一款為藍底白字街名的**金屬製街牌**，常見以兩支鐵柱支撐豎立在行人路上，或懸掛在樓宇外牆；另一款則在建築物外牆挖成**凹入的長條形方框**，再漆上白底黑字的街名。

早年街牌的數量不如現時般密集，當時街牌大多只會設置在街道的頭尾兩端，或者在主要的街口。由於早期的街牌數量稀少，要從歷史圖片中尋獲實在不易，而拍攝主題亦不會着重街牌，所以清晰的街牌圖片則更罕有。

從這一幅攝於 1894 年鼠疫時期上環太平山區的相片，可以看到「CAINE LANE // 巷堅」街牌。(圖由香港歷史博物館提供)

位於花園道與皇后大道交界的路口，馬路旁豎立了一款只有英文的「GARDEN ROAD」金屬製街牌，另一邊燈柱頂部則懸掛了中英對照的「GARDEN ROAD // 道園花」街牌。相片攝於 1923 年 8 月 18 日癸亥風災後，可見到處滿佈被強風吹倒的樹枝。

GARDEN ROAD

在皇后像廣場與干諾道中交界，亦曾豎立一塊與上述花園道英文街牌同款的「WARDLEY STREET」（獲利街）金屬製街牌。獲利街是一條連接皇后大道中與干諾道中皇后碼頭之間的街道，途中穿過第一、二代匯豐銀行大廈與大會堂之間，以及皇后像廣場的中軸線，但隨着 1933 年興建第三代匯豐銀行大廈，以及 1965 年皇后像廣場重建成公園，獲利街從此消失。相片攝於約 1920 年代中期，可見到左方於 1923 年 5 月 3 日設置的港督梅含理爵士銅像。

吉祥茶居
144 Chinese Street, Hongkong.

在上環永樂街與摩利臣街交界的唐樓外牆上，有一凹入長條狀方框的「MORRISON STREET」街牌。圖片攝於約 1910 年代的船政廳（圖左梯級）外，右邊是被稱為「十皇殿」的華人市場。

Hongkong, Oppo

圖片攝於大約 1920 年代的皇后大道中大會堂廣場，在柏拱行（Beaconsfield Arcade）的外牆上，隱約可見兩塊「QUEEN'S ROAD CENTRAL」的街牌，左邊估計為藍底白字的金屬製街牌；右邊則為凹入長條狀的街牌（見白色箭咀）。始建於 1878 年的柏拱行為早年的購物商場，圖中的建築物已於 1933 年拆卸，現址為長江中心的一部分。

官方街牌設計規範化

直至大約 20 世紀初，政府更改街牌款式，作出較規範化的設計。這時期的街牌大多以英泥製成方塊，並直接刻寫文字及填色，黏附在建築物外牆上，或在英泥上先鑲嵌寫有黑色文字的白色磁磚，再在外圍塗上黑色邊框。此款英泥街牌大多為中英文並列，但亦發現有部分只標示英文街名，可能屬較早期款式。街牌的英文字體採用全大寫無襯線字，中文則多以楷書書寫，並以由右至左的傳統方式書寫，兩種文字均各自有方框包圍，若英文街名過長，便需要分開兩行顯示，每行文字亦會有個別的方框，因此筆者稱之為「**方框型**」。

一張記錄 1919 年 7 月 18 至 19 日慶祝歐戰結束盛況的明信片中，清楚看到雪廠街與德輔道中交界，太子行外牆上的「ICE HOUSE STREET // 街廠雪」全英泥方框型街牌。

ICE HOUSE STREET

盧
信
LO SHUNG
TAK

由於中英文並列街牌絕大部分均以上英下中、文字置中的排列方式，當年可能為了減省物料而將街牌的外框盡量貼近文字，而中文街名的長度通常比英文短，遂形成街牌外形類似英文字母「T」，因此這種排列方式的街牌亦被街牌研究者稱為「T型街牌」。

「方框型」除了如上述般以英泥製作，後期亦改用以磁磚嵌入鐵製外框，以便預先製作後再安裝。以鐵框製造的街牌除了安裝在建築物外牆，亦會架在鐵柱上豎立路旁，以取代前述只有英文街名的藍底白字金屬製街牌。

「方框型」的文字排列除了最常見的上英下中兩行排列外，曾經出現左英右中的雙框排列「SOUTH WALL ROAD // 道南城」，亦有英文街名過長需要分兩行排列而衍生的三行三框例子，例如「DES VOEUX ROAD // CENTRAL // 中道輔德」）。

◀ 這張約攝於1920年代中期的相片，由皇后大道東望向文咸東街拍攝，隱約可見左邊建築物外牆上的「JERVOIS STREET」及「BONHAM STRAND // EAST」英泥磁磚方框型街牌。

QUEENS ROAD CENTRAL
永春堂參茸熟藥

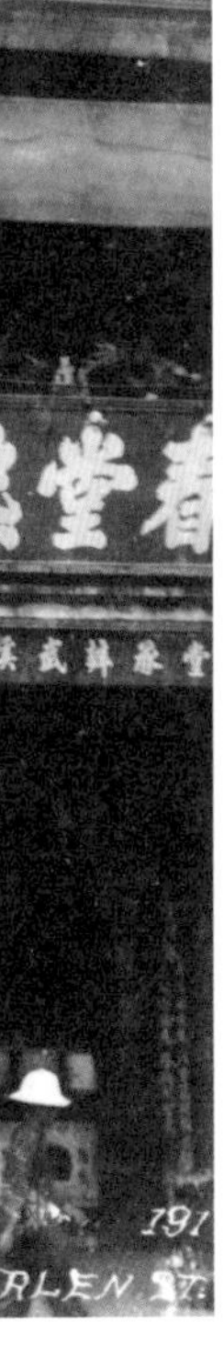

▲ 相片約攝於 1930 年代，由皇后大道
◀ 中中央市場外望向閣麟街，樓宇外牆上裝設有一塊「QUEENS ROAD CENTRAL // 中道大后皇」的鐵框磁磚方框型街牌。

位於前最高法院外牆的「DES VOEUX RD // CENTRAL // 中道輔德」方框型街牌，以三行三框排列，屬罕見例子。建築物遊廊外以沙包堆砌的圍牆，顯示相片在 1941 年政府進行防禦工事期間拍攝。（圖由 University of Wisconsin-Milwaukee Libraries 提供）

DES VOEUX RD
CENTRAL
JACKSON ROAD
4220

2004 年在太子道西 450 號舊樓清拆前發現的「SOUTH WALL ROAD // 道南城」鐵框磁磚方框型街牌，以左英右中的方式排列。

位於灣仔玉虛宮外牆的「STONE NULLAH LANE // 街渠水石」是現存唯一一塊仍在街道上使用的鐵框磁磚方框型街牌。

▲ 位於中環雲咸街與下亞厘畢道交界的前牛奶公司倉庫，外牆上分別嵌有 3 塊英泥框磁磚方框型街牌，是現時僅存的同類街牌。

位於堅尼地城的「ROCK HILL STREET // 街山石」全英泥方框型街牌，裝設在離地頗高的石牆上。於 2009 年動工的山市街升降機工程中需要加固護土牆，街牌獲得保留，沒有被新鋪設的混凝土覆蓋。

鑄鐵街牌的誕生

1930 年代末香港政府開始改用以**生鐵鑄造的 T 型街牌**，這種街牌的款式較為統一，而且開始廣泛地在大小街頭上設置，加上這種制式的街牌直至 1960 年代方被新款的長方形街牌所取代，因此 T 型街牌成為老香港的其中一種回憶。

最常見的生鐵鑄造 T 型街牌設計是白底黑字上英下中排列，但亦有部分以黑底白字的形式出現，甚至上中下英的「倒 T 型」。街牌的角位全部為方直角，邊沿以黑色線框包圍文字但留有白邊，而黑色線框六隻向外的直角以圓孤向內凹作為修飾，筆者稱之為「凹角 T 型」。

在 1960 年代初期，政府推出另外兩款設計的生鐵鑄造 T 型街牌，其中一款只見於香港島使用，街牌的八隻直角改為圓角，黑色線框緊貼街牌邊沿沒有留白邊，筆者稱之為「圓角 T 型」。另一款則只發現在深水埗一帶使用，數量亦相對較少，街牌的八隻角為方直角，黑色線框緊貼街牌邊沿沒有留白邊，中文街名亦有別於傳統中文書寫方向，改為近代的左至右方式排列，筆者稱之為「方角 T 型」。

現存在街上的生鐵鑄造 T 型街牌當中，「凹角 T 型」的數量佔最多。

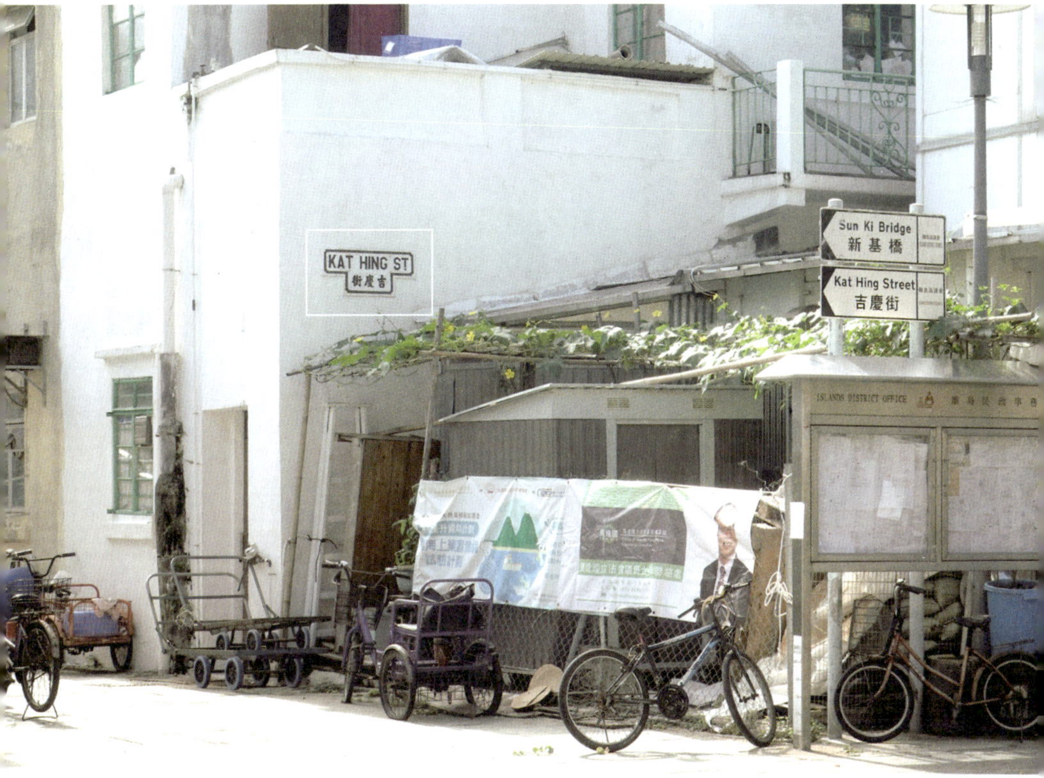
KAT HING ST
街慶吉
Sun Ki Bridge
新基橋
Kat Hing Street
吉慶街
ISLANDS DISTRICT OFFICE

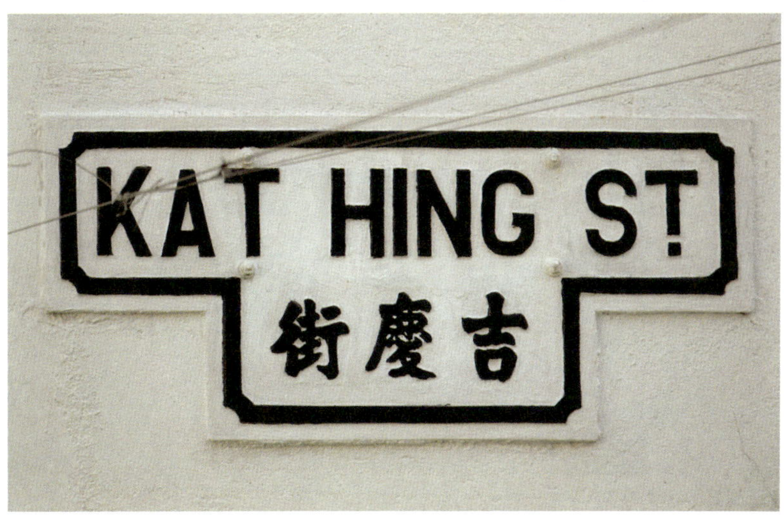

KAT HING ST
街慶吉

圓角 T 型街牌，只見於港島使用。

方角 T 型街牌，中文字由左至右書寫。

這塊滿佈污漬的「 BERWICK STREET // 街域巴」凹角 T 型街牌，細心觀察下發現其並非以生鐵鑄造，而是直接在外牆上繪畫，而這「塊」街牌亦隨着大廈清拆重建而消失。

由於街牌轉換款式時會將舊款拆除，因此現存以支架豎立在街道上的 T 型街牌極為罕見，目前只有軍地的凱榮路及長洲的大新街仍然保留這種設置。

HAI WING ROAD
凱榮路

TAI SUN ST
大新街

長方形街牌的出現

在生鐵鑄造的T型街牌大行其道的同時，政府於1961年開始試用一款以鋁質搪瓷工藝製作的長方形街牌，字體相比T型街牌甚至目前常見使用的街牌更大更清晰，面積亦可謂開埠至今各款街牌中最大的，因此筆者稱之為「**大長型**」街牌。這種街牌以鋁片表面上色而成，背面再以木板加固。

大長型街牌以白色為底色，中文字最初是採用紅色，而英文及邊框則為黑色，但推出後發現紅色字體容易褪色，因此數年後便將中文字改為黑色，原本已經安裝使用的紅字版本街牌則會按需要作出更換，或另行印製中文街名貼紙將之覆蓋。而文字排列上，仍維持上英下中，但英文靠左置齊而中文則靠右；一些英文街名較長的，例如皇后大道中，會將部分英文置於第二行，以縮短街牌的長度，例如「QUEEN'S ROAD // CENTRAL 中道大后皇」。

位於尖沙嘴漢口大廈的「HANKOW ROAD // 道口漢」大長型街牌，由於位處簷篷下方，不易受日照影響，加上多年來被招牌遮閉，因此紅色字體的褪色情況較少。

於中環萬國寶通銀行門外的「QUEEN'S ROAD // CENTRAL 中道大后皇」大長型街牌，中文街名部分已重新製作，以覆蓋原有街名。

大長型街牌除了顯示街道名稱外，亦曾在 1971 年試驗在街牌內加上地區名稱，以便利遊客了解身處的地點，但設置的數量不多，因此並不常見。

大長型街牌約盛行於 1961 年至大約 1970 年代中期，除了上述的中文字顏色轉換外，亦因應時代的變化，中文字的寫法由最初依照傳統由右至左書寫，逐漸改為近代的左至右書寫方式，而在改變書寫方向的同時，亦曾出現置右及置左靠齊的排列方式；中文字體亦與之前的各款 T 型街牌的楷書不同，改為用上相信源自台灣「金梅粗黑」的「監獄體」等黑體字型。

▲ 現收藏於香港木球會會所內的「JACKSON ROAD // 道臣昃」大長型街牌，附有地區名稱「Central City District」及「中區」。

▲ 現在仍可在街道上見到的大長型街牌，可見中文字體由顏色、書寫方向、排列位置的分別。

現今的街牌模式

1970年代中後期，**長型街牌的尺寸及字體開始縮小**，中英兩文置中，英文由以往的全大寫逐漸轉變為只有每組字詞的首個字母為大寫，英文字體跟隨英國使用為路牌而設計的Transport，中文則由「監獄體」逐漸轉變到目前使用的「全真粗黑體」。物料上亦逐漸改以平面鋁片生產，以及使用反光黏貼物料製作底色、邊框、文字及圖形，取代以往的絲網印刷等傳統上色工序。此後新製的香港街牌在物料上都沒有太大的變動。

直至2004年，路政署為方便道路使用者識別街道門牌位置，推出**附有箭嘴及門牌號碼的新設計街牌**，並一改以往街牌只面向車路的做法，在同一鐵柱上安裝兩塊分別面向車路及行人路的街牌，以便路人觀看。

除了常見的白底黑字街牌外，路政署在部分地區設立**特色街牌**，在西貢墟的主要街道就換上白底綠字的街牌，而上環、西營盤一帶的部分街道則使用棗紅色，並附上「海味街」、「參茸燕窩街」、「藥材街」等的標示，以方便遊客識別。

2023年路政署為美化環境，在全港各區粉飾街道，當中揀選中環碼頭、大圍港鐵站、荃灣路德圍作為「街景美化區」項目，包括將附近街道的街牌字體改為「文悦古典明朝體」，但由於字體幼細不適合較遠距離閱讀，引來各方批評。雖然筆者撰文當刻這些「獨特字款」的街牌仍然使用中，但暫時未見有擴展至其他地區的趨勢。

西營盤及西貢的特色街牌。

1970 年代至今的街牌演變。可留意英文大小寫、中文字體及物料等變化。

使用「文悦古典明朝體」的新街牌。

街牌以外的近親

除了作為標示街道名稱的街牌以外，政府亦會以近似的設計及物料生產其他路牌，作為標示主要**建築設施、村落及墟市**，部分更會加上箭咀指示，讓路人得悉所在地點的名稱。

由於生產街牌及標示牌會採用不同的製造商，涉及不同的工藝及物料，而標示牌更會涉及不同的政府部門，因此即使是同一年代同一規格的街牌亦會出現很多不同的變異，標示牌更是千變萬化，本文難以一一細述，在閱覽舊照片時不妨多加留意。

▲◀ 攝於 1941 年的中環炮台里與皇后大道中交界，可見護土牆上的一塊「TO THE PEAK TRAMWAY // 車火頂山往」標示牌，設計與英泥磁磚方框型街牌相同，其底部更加設手指形圖案指示方向，可謂已知最早期的街牌款式標示牌。相中亦可以見到旁邊有另一塊「BATTERY PATH」的英泥磁磚方框型街牌。（圖由 University of Wisconsin-Milwaukee Libraries 提供）

位於錦田吉慶圍外的路口豎立了三塊「FUI SHA WAI // 圍沙灰」生鐵鑄造的凹角 T 型標示牌，灰沙圍乃吉慶圍的別稱。細心看清楚 T 牌上的文字，字體其實有所差異，中文字「灰」尤其明顯。這是因為鐵鑄 T 牌是用模具鑄造，若非同時生產的話，字型差異乃是常見。

FUI SHA WAI
圍沙灰
FUI SHA WAI
圍沙灰

圖中的「SAN TIN // 田新」凹角 T 型標示牌附有箭嘴標示，相信是裝設在青山公路旁，用作指示村落的位置。

《工商日報》1947 年 7 月 10 日報道一宗於佐敦道近彌敦道發生的致命車禍，從記者拍攝的相片可以見到，肇事車輛撞向路邊一塊標示「TO UNION CHURCH」及附有箭咀的凹角 T 型標示牌，此標示牌用作向途人指示前往九龍佑寧堂的方向。

在清水灣道近銀影路巴士站的「YAU YUE WAN // 灣魚魷」的大長型地名牌，已於 2010 年代初期被拆除。

目前已知尚存的 T 型地名牌，分別是位於粉錦公路的「TSIU KENG // 徑蕉」及沙頭角街市街的「YIM LIU HA // 吓寮塩」。

雖然街牌並沒有像古蹟建築般的精緻宏偉，難以吸引一般市民遊客的目光，但當你仍然在街道上見到這些舊街牌，正正代表着所身處的地方就是香港的舊城區，舊街牌所在的樓宇亦曾經歷過歲月的洗禮，置身其中大既能感受到一點老香港與現代城市之間別有不同的氣息。

在尋訪舊街牌的過程中，或者從舊相片、舊報紙的街牌記錄中，都能窺看昔日的歷史和文化。從街牌中可以見到日治時期的痕跡、街道地方名稱的變更、文字使用的變化、與宗主國的關係……

現時的街道中英文名稱會經過刊登憲報，成為法定街道名稱，但以往中文尚未成為法定語文的年代，一些以英文命名的街道，中文街名的用字亦會有多種譯音寫法。即使有些以中文命名的街名，在時代變化及市民的習慣改變下，變成與往時不一樣，有些曾使用不同的異體字或同音字書寫，甚至約定俗成地以錯別字成為法定街名。

亟待改頁之路牌

戰後百廢待興，由於在日佔時期被更名街道的原有街牌早被拆除，政府遂將日佔時期的街牌塗上白漆後寫上街名。1955 年 8 月 25 日的《華僑日報》報道，一塊干諾道中街牌（位於天星碼頭對面，即雪廠街交界位置）由於油漆脫落，重現日佔時期的「西昭和通」（即德輔道西）街名。

中西方文化交匯亦能在街牌的演變中體現。早期街牌常見到以傳統直排右至左書寫漢字，與橫排左至右書寫的拉丁字母組合在一起；後來為便利書寫及閱讀，漢字的書寫排版方式逐漸改為跟從拉丁文字，街牌的中文字排版方式亦成為這種轉變的見證。

香港曾經歷英國百多年的殖民統治，社會上的不同領域都帶着英式風格的影子，街牌又會否是其中一類？在英國本土各地的街牌，雖然款式五花八門，但總會見到一些與香港舊街牌在款式設計、物料材質上的相似之處。另外其他同樣以華人為主要群體的英國殖民地，甚至清末民初期間的英國在華租界，無論在舊照片上的街道角落、或者博物館的藏品及仿製品，都會見到T型街牌的蹤影。

最初香島道是一條連接筲箕灣至香港仔的道路，目前已分拆為柴灣道、大潭道、淺水灣道等多段不同名稱的街道，圖中位於香港仔天后古廟門外的「ISLAND ROAD // 道島香」凹角T型街牌，現時為香港仔大道的一部分。

位於上環西港城的「CONNAUGHT RD. C. // 中道諾干」凹角 T 型街牌，安裝在紅磚外牆的英泥方塊上，從英泥表面的痕跡，相信原本是一塊英泥方框型街牌，可能是在日佔時期因街道改名而被清除的街牌。該處轉角的牆身亦有另一塊「ON TAI STREET // 街泰安」全英泥方框型街牌。

從舊照片中的「POKFULAM RESERVOIR RD. // 道塘水林扶撲」凹角 T 型街牌可見，薄扶林在昔日亦會寫成「撲扶林」，

▲ 2004 年在一棟已準備拆卸的舊樓宇外牆見到一塊「PO ON RD. // 道安寶」的凹角 T 型街牌，與現時的標準街名「保安道」有異，而附近亦有另一塊「PO ON RD. // 道安保」的凹角 T 型街牌。翻查 1934 年 2 月 9 日之憲報，政府宣佈該條街道命名為「普安道」，而「寶安道」及「保安道」在 1950 至 70 年代均有出現在各報章之中。到底為何這條街道的名字會多次轉變？當中有不同説法，難以稽考。

▲ 油麻地吳淞（音：sung1 鬆）街是以上海黃埔江的門戶吳淞命名，英文街名則使用郵政拼音「WOO SUNG」，但「淞」經常被誤讀誤寫為「松」，最終更成為該街道的法定街名。

沙頭角車坪街是因該處昔日作為沙頭角鐵路總站而命名，其英文街名原為意譯「CAR PARK STREET」，但後期改為拼音「CHE PING STREET」。

本港街道路牌

中英文均有差異

【特訊】港九各地街道上之路牌，恒見有譯音或譯意上之中　差別，在同一街道內，街頭與街尾每有此種不同怪象，有時甚至在英文之字句上，亦有出入，雖然併合發音不失，但字母卻已差異，如附圖中之七姊妹道，英文串字「姊」就字有Z與S不同。在港中被發現英文串字差異者雖以此為第一個，惟稱罕少；但無論如何，可稱街道牌之差異現象，中英文都有。

日前記者中島加勞芬道就有此現象，記者現將隨手拈來之本港路牌攝影，足證此類現象繁多，確使新到香港人士，有莫明其妙之感。（立）

中英文字均有差異之街道路牌，　立攝

▲ 1955 年 11 月 15 日的《華僑日報》報道，在同一條街道上的街牌所標示的中英文街名，無論在中文所選用的近音字，或是英文的拼音，都同時出現不同的差異。

▲ 位於大會堂高座外牆上的「EDINBURGH PLACE // 塲廣堡丁愛」大長型街牌，「塲」字原本使用舊式寫法，但現今有部分人士認為是錯別字，要求政府部門將之改為「場」字。

舊式街牌的危機與保育

百多年來香港的街牌歷經很多變化：日佔時期將主要街道日本化令部分舊街牌被拆除，戰後的多次款式變更亦帶來大規模去舊立新。目前的舊式街牌絕大部分都是出現在建築物外牆或護土牆上，原因是其位置較難被拆除，或被後來的店鋪招牌或僭建物遮蓋而有幸獲保留至今。目前全港在街道上可被目測的T型街牌及大長型街牌各有80多塊。

近年間中都會有一些新發現的舊式街牌，通常是因為商舖裝修、樓宇外牆維修等情況而得以重現，但往往在不久之後又再被新裝修再次遮蓋，或被店主或工程人員拆除私藏。更甚者，不時會發現有舊式街牌被盜取的情況，而且難以追查犯案者及失物去向。

香港歷史博物館亦有接收一些由樓宇重建項目中拆除的舊式街牌，目前合共有30多塊，但除了其中一塊「WELLINGTON STREET // 街頓靈威」鐵框磁磚方框型街牌在一次專題展覽中展出外，其餘均未曾作公開展示。

香港歷史博物館收藏的「WELLINGTON STREET // 街頓靈威」鐵框磁磚方框型街牌。

舊街牌，特別是T型街牌的樣式，不時會出現在各類標誌圖案、遊客紀念品、場景佈置等，以作為舊香港的特色，由此可見香港街牌的獨特性，好比澳門聞名的藍色磁磚街牌一樣，成為香港的代表之一。

位於灣仔的「WING FUNG ST. // 街豐永」凹角T型街牌，筆者2000年代初發現時街牌藏身於招牌後方的空隙，數年後店舖裝修，該位置被覆蓋未能觀察街牌的狀況。直至2023年清拆招牌後街牌重現，但新租客裝修後又再被遮蔽，只如下小部分（W字母）露出。

▲「BATTERY ST. // 街台炮」凹角 T 型街牌於 2022 年 4 月中在店鋪清拆時被發現，但數日後已隨即被新招牌遮蔽。

▲ 2023 年年底，大角咀、深水埗等地區有數塊安裝在大廈外牆上的舊式街牌被盜，「KI LUNG STREET // 基隆街」方角 T 型街牌是其中之一。

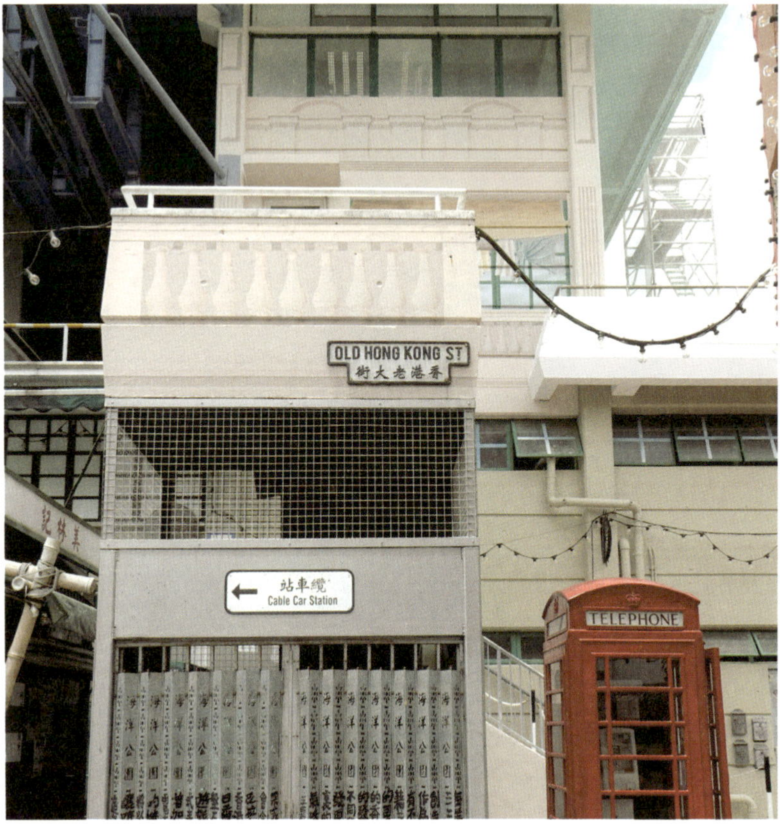

OLD HONG KONG ST
香港老大街

▲ 海洋公園內的香港老大街，以及東通逸東邨街市內，均使用模仿 T 型街牌的
◀ 裝飾，甚至裝設英式郵筒及電話亭，以增加舊香港的氣氛。

舊式街牌地圖

https://hkhistory.org/map/mmp/fullscreen/1/

1.2 殘存的舊式道路標誌

現代的道路上有各式各樣的標誌，用以對道路使用者作出提示、指令及管制，從而減低道路運作的問題，例如交通阻塞、意外事故等。最早的道路標誌始於何時已不可考，但相信與汽車開始普及有關。

曾經作為殖民地的香港，其道路標誌樣式大多參照英國，但文字會中英文並行，以配合本地需要。隨着標誌的國際化、易讀化，以及中文字的書寫方向轉變，道路標誌已多次作出

轉換，而且這些標誌涉及道路安全問題，即使近年曾發現一些舊款式的「漏網之漁」，政府部門亦會迅速更換，在一般街道上難以一見。

英國的道路標誌始於 1904 年，當年只有 4 種形式，分別為空心白色圓形的「速度限制」、實心紅色圓形的「禁止」、空心三角形的「警告」及白色菱形的「其他告示」。1919 年交通運輸部成立，並委任土木工程師梅培理爵士（Sir Henry Percy Maybury）為道路總監，着手改善道路系統。1920 年梅培理發表報告，規範各類道路標誌的制式，當中包括直接在圓形的「禁止」及「速度限制」牌上列明限制事項、三角形「警告」牌下方以圖形及文字標示前方的危險資訊等。

中環雲咸街近皇后大道中路口，擺放了一塊「NO MOTORS // 此路禁止汽車行駛」的路牌。早年連接皇后大道中登山街道的兩旁，大多被攤販佔據，加上汽車數量不多，雲咸街以及附近的德己笠街、閣麟街等都禁止機動車輛駛入，以免人車爭路，引致意外。

這種「**梅培理式**」的道路標記在英國一直維持至 1964 年，始被新設計的標誌取代，英國政府於 1961 年委任禾貝斯爵士（Sir Walter John Worboys）領導的交通標誌委員會，負責對更新道路標誌提出建議，委員會建議參照歐洲道路標誌，使用圖文較大、清晰易明的標誌，減少使用文字等設計方向，獲政府同意後廣泛採用，取代舊有的道路標誌。

至於香港的道路標誌，在戰前及戰後初期的相片中，偶爾可以見到禁止汽車行駛、停泊車輛位置等的標示，但正如街牌的情況一樣，難以作為當年使用情況的參考。

戰後梅培理式道路標誌在香港開始廣泛使用，圓形的「禁止」牌下方會加設中文直式書寫的禁止事項，三角形「警告」牌下方的圖形及文字危險資訊亦加入由右至左書寫的中文。而現時所使用的**禾貝斯式**則較英國遲 10 年推行，於 1974 年 7 月開始分階段推出，每隔數星期推出大約 5 款新標誌，並以中區及尖沙嘴作為優先使用地區，然後逐步取代各款舊標誌，至 1984 年全面推行。

雖然由全面推行禾貝斯式標誌至今已近 40 年，但在一些偏遠的郊區，或並非由路政署管理的路段，仍殘留着極少量未被更換的梅培理式道路標誌，或使用傳統中文書寫方式的告示；而在一些私人路段，甚至出現參照舊有道路標誌而製作的替換品。

位於元朗橫洲的 3 塊梅培理式「路彎」及「路字之」標誌，在 2019 年中才被路政署更換。

位於元朗洪水橋的一所荒廢村校附近的一塊梅培理式「校學」標誌。

中文大學某座宿舍附近的梅培理式「童兒心小」標誌。

順利邨的一塊「新界計程汽車」標誌背後，殘留着這塊鋁片的前身：梅培理式「路字之」標誌。

▲ 左上圖：位於小欖的梅培理式「斜特路此 // 波低用請」標誌。

▲ 右上圖：位於安達臣道的一塊梅培理式「口路」標誌，提示駕駛者在前方右邊有一小路接入。

▶ 西貢鄉村小路的菱形「處車避」路牌，相信為梅培理式白色菱形的「其他告示」設計。

▲ 一條私家路入口的「不准駛入」標誌採用梅培理式設計。

▲ 新界數處鄉郊地區仍存留着少量「輛車托摩 // 通直能不」或「輛車托摩 // 過通准不」的路牌。

◀ 用作提醒駕駛人士的「前面有隱蔽路口」路牌，除了有部分以傳統中文書寫方式的舊路牌仍在使用，英文用字亦有「HIDDEN DRIVE」及「CONCEALED DRIVE」之分。

2001 年運輸署推出新款式的「不准停車」道路標誌，以數年時間替換自 1984 年推出的舊款式；新版本將限制事項的文字簡化及放大，以便駕者清楚獲取資訊。但在一些私家路段、與公用道路連接的私人土地，甚至一些偏遠地區，仍然有機會發現舊版本的「不准停車」道路標誌。

中區半山的「不准停車」道路標誌，下方限制車輛類型及時間的中文仍然以右至左方式書寫。

在同一支道路標誌桿上，下方的全日不准停車標誌已更換為 2001 年款式，但上方的小型巴士不准停車終止標誌仍然保留著 1984 年的款式。

1984 年款式的「不准停車」道路標誌，在街道上仍有機會找到，甚至有縮小的款式出現（見最下方二圖）。

除了由路政署、運輸署等管理道路交通的部門會在公用道路上設置道路標記外，不同部門或機構亦會經路政署批准後豎立各類的路牌，以方便市民獲取資訊或作出警示。另外在官方或半官方管理的地點，例如公共屋邨、學校、醫院等，於早年豎立政府提供的舊款式路牌後，直至今日仍沒有作出更新，甚至私家路段亦會自行製作與官方格式相似的路牌，這些路牌的內容經過時代的變遷，亦會顯示出昔日的歷史痕跡。

地下鐵路於 1979 年成立，九廣鐵路亦於 1983 年公司化，兩者都有豎立路牌指示市民前往車站的方向。在往後多年的發展中，公司改變商標以至兩鐵合併，但他們的舊標誌仍能從一些指示路牌上發現。

▲ 半世紀以前已經在各區行人路豎立禁止小販擺賣的路牌，目前只餘下新界地區方能發現，當中沙田、大圍的數量較密集。而在路牌告示上標示的負責部門，亦能看到由市政總署、區域市政局，以至被「殺局」後遮蓋部門名稱的政府部門沿革。

▲ 1974 年 11 月 29 日，運輸署推行在路口漆上黃格，以示禁止停車區域，並豎立路牌作標示；這種路牌在一般道路上已經絕跡，目前只有在美孚新邨的私家路段可以一見。

▲ 為方便收集垃圾，部分屋苑會劃出位置供垃圾車停泊，而部分未有更新的路牌標示，仍會見到已於 1999 年底解散的市政事務署及區域市政署的名稱。

▲ 香港房屋委員會於 1980 年代或以前落成的公共屋邨、居屋屋苑及工廠大廈，部分仍保留梅培理式「不准停車等候」標誌，以及傳統中文書寫方式的路牌。

除了在路邊豎立的道路標記外，以金屬架橫跨在多線行車線上方的路線指示，讓駕駛者能及早按目的地而選擇合適的行車線，這種稱為「**架空標誌架**」的設施，由於其外形貌似足球場上的龍門架，因此香港人亦以此作為其俗稱。雖然暫未能考證香港最早的架空標誌於何時出現，但從一幅拍攝花園道第二代纜車總站的相片中可以見到，往山頂方向的行車線上方設有路線指示，指引駕駛者左邊行車線可供直上山頂區及左轉堅尼地道、右邊行車線則直上山頂區及右轉上亞厘畢道；由於第二代纜車總站於 1963 年前拆卸重建，因此架空標誌出現的年份必定早於該年。

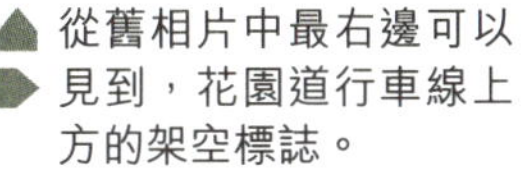
從舊相片中最右邊可以見到，花園道行車線上方的架空標誌。

至於現存最早的「龍門架」，則是配合 1972 年 4 月 25 日通車的九龍城交匯處而在太子道、界限街、亞皆老街及馬頭圍道設置的多個龍門架。雖然現時所見這些龍門架上的資訊樣式與目前所使用的規格無異，但在藍色鋁板後仍然保留着白底黑字、中文右至左書寫的原有款式。其中位於界限街的一個龍門架，在 2017 年颱風天鴿及 2018 年颱風山竹襲港期間，部分藍色鋁板路牌被強風吹走，令該部份舊有的路牌重現人前。

▲ 馬頭圍道的同系列龍門架，相信藍色鋁板背後乃保留着昔日的資訊。

界限街龍門架表面的藍色鋁板被吹走，重現提示駕駛者從右線前往新蒲崗及觀塘的指示。

尋訪舊式道路標誌與街牌的分別，在於難以從道路標誌上的資訊估計其所在位置，而且會有隨時被政府部門移除更換的風險，所以同好們大多不會公開其準確位置，只會在友好之間私下通報，或靠自己深入各區四出尋找。而筆者在此分享的各款路牌，為近 10 年內所拍攝，但在執筆之時可能有部分已經被拆除，只能從相片中懷緬。

遊走全港各區的過程中，不時會發現到各式各樣的舊款路牌，過程就像與時間競賽的尋寶遊戲。

NO
WAITING
不准停車等候

NO
PARKING
輛車放停准不

NO
PARKING
輛車放停准不

時亮閃燈紅
停
STOP
ON
FLASHING SIGNAL

NO
ENTRY
入駛准不

NO
EXIT
駛准不

KEEP IN
LOW GEAR
駛行波慢用續繼

SLOW
駛慢

TO CAR PARK
場車停往

REDUCE
SPEED
NOW
開始慢駛

IN
入

OUT

第二章

道路石頭記

由人類文明發展開始，各民族都會透過刻寫文字或圖案在石材、鐵器等堅硬的物質上，以恆久地記錄事件。遠古時代在巨岩大石上刻劃圖騰的「古代石刻」，現今雖然未必能解讀箇中含意，但這些石刻確實是最古老的人為印記之一。

在香港，不乏經過切割打磨石材、刻寫文字而成為各式各樣的碑記。這些碑記有不同的性質、功用，款式形狀亦千變萬化，值得我們細心研究及保育。

2.1 道路紀念碑

一些重要設施的興建，如大型基建、政府樓宇、教堂廟宇等大多都會刻寫碑記以作紀念。紀念碑主要可分為西式及中式，西式的碑文較為簡要，大多只刻錄該建設之名稱、日期、主禮人等基本資料；香港開埠早期大多只刻有英文，戰後中英並列逐漸成為主流。中式則大多會詳述建設的源起、發起人，以及捐款者芳名等，資料豐富，亦可從中考研地方歷史。製作紀念碑的物料由最早期以花崗石為主，到近代多用上較簡便的金屬材質。

在香港開埠早期，不少主要城市街道和地名都以王室成員及軍政官員等命名，可視作對該等人員的紀念，但再立碑石作紀念者則更為罕有。目前香港現存最早的城市街道紀念碑是**域多利道**奠基石，奠基典禮於 1897 年 6 月 22 日由時任港督羅便臣爵士（Sir William Robinson）主禮，以此作紀念維多利亞女皇登基 60 周年；同日羅督亦為山頂白加道的**維多利亞醫院**進行奠基典禮，並安置奠基石。前者原放置在堅尼地城的域多利道起始處附近，但因擴闊道路，於 1977 年 12 月 22 日遷移至域多利道與摩星嶺道交界處，並同時作為伊利沙伯二世（Queen Elizabeth II）登基銀禧紀念。至於維多利亞醫院已在 1947 年拆卸，但其奠基石至今仍保存在白加道原址附近的草坪。

現位於摩星嶺道交界處的域多利道奠基石，界石底部的不鏽鋼小牌為記述 1977 年的遷移事件。

位於白加道的維多利亞醫院奠基石，而醫院早已在 1947 年拆卸，重建為輔政司官邸。

▲ 舊明信片中的維多利亞醫院。

二戰前的道路紀念碑數量不多，現存的英式道路紀念碑除了上述之域多利道奠基石外，就只有位於扎山道與清水灣道交界的 **JAT INCLINE** 紀念碑。

扎山道是由英屬印度陸軍第 119 步兵團（119th Infantry）於 1907 年興建的軍路，從近稅關坳的一段西貢道（今清水灣道）連接至大老山上的軍事設施。1922 年印度陸軍重組，該步兵團改組為第 9 賈特兵團第 2 營（2/9 JAT Regiment）。1932 年扎山道再由第 9 賈特兵團第 3 營（3/9 JAT Regiment）重修。紀念碑除了刻錄上述資料外，其左右兩旁亦分別刻有「TATE'S CAIRN」及「CUSTOMS PASS」，作為標示扎山道的起訖位置。

JAT INCLINE 紀念碑最重要的特色是其蔥形拱（Ogee arch）的形狀，這種設計常見於伊斯蘭教的建築裝飾上，可能代表着該軍團所屬族群的宗教信仰。另外將舊照片中的 JAT INCLINE 紀念碑與目前所見的比較，其字體、尺寸、石材紋理等均有明顯差別，現存的石碑可能是後期的複製品。

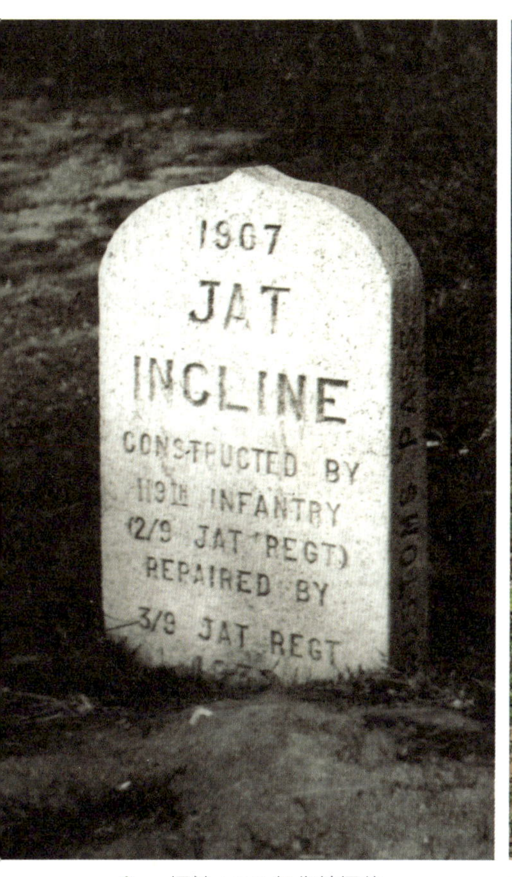

▲ 一幅於 1930 年代拍攝的扎山道紀念碑。

▲ 扎山道紀念碑現貌，與舊照中的模樣有明顯差別。

九龍山麓麟趾呈祥

隨着戰後香港的人口增長及工商業發展，道路建設亦有所增加，除了擴闊舊路、增建新路外，亦廣建避開繁忙街道的天橋，以及跨越山嶺海港的隧道。這些重要的道路基建為人流物流帶來便利，亦帶動着香港的急速發展。在部分較重要、較大規模的道路工程完結後，會由政府官員、議員，甚至訪港的英國皇室成員主持開幕典禮，並刻寫碑記以紀念盛典。

1950 至 60 年代，政府先後規劃九龍東西兩端的觀塘及葵涌成為工業為主的「衛星城市」，由於來往兩區之間的交通流量大增，遂興建繞道，連接兩區，以減少車輛進入九龍市區而造成擠塞。連接沙田坳道至大埔道的**龍翔道**，以及連接大埔道至青山公路葵涌段的**呈祥道**先後於 1961 及 1966 年通車，時任港督戴麟趾爵士（Sir David Trench）於 1966 年

呈祥道開幕紀念碑。

11 月 11 日為呈祥道揭幕，此路之命名亦以祝賀語「麟趾呈祥」作為對戴督之紀念。

呈祥道開幕典禮的紀念碑為一座以多塊粗琢花崗石裝嵌而成的方柱體，豎立在鄰近青山公路的呈祥道路旁；面向車路的兩面分別鑲嵌刻有中英銘文的花崗石碑記。這種大型的紀念碑其實較為少見，除此以外，位於舊東涌碼頭旁亦有一座同樣款式的紀念碑，作為紀念**東涌道**於 1966 年 9 月 28 日通車，也是由港督戴麟趾爵士揭幕。

隨着地區發展急促，不久之後龍翔道向東伸延至牛池灣，與觀塘道連接，避免車輛需駛經鄰近新蒲崗工業區的彩虹道；而呈祥道亦於 1980 年代向西伸延接駁葵涌道，令通往貨櫃碼頭、荃灣、屯門等新界西地區的交通運輸更便捷。

Tung Chung Battery
東涌小炮台
TUNG CHUNG ROAD
OPENED BY
HIS EXCELLENCY THE GOVERNOR
SIR DAVID TRENCH, KCMG, MC
20TH SEPTEMBER 1966

▲ 東涌道開幕紀念碑。

今日香港的道路網絡四通八達，以多條主要幹道連繫各區，當中一號幹線連接新界東與香港島，成為最繁忙幹道之一。正如羅馬亦非一日建成，香港各條主要幹線亦是經過逐段興建、分期改良，才演變成今日所見的大道，當中的紀念碑亦成為這些建設之見證。

獅子山隧道是新界連接九龍的第一條隧道，在此之前，駕駛汽車進出新界東就只能透過依山而建的大埔公路；然而，最初興建獅隧的原意並非作為交通用途。戰後香港人口增加及工業發展迅速，導致用水量逐年激增，但香港缺乏大型河川，水資源只能依靠水塘儲存雨水，尤如聽天由命，每每在雨季來臨前面臨食水短缺，甚至在雨量稀少的日子需要實施制水。直至 1960 年代香港政府與廣東省政府達成協議，購買東江水以解決食水需求，同時興建船灣淡水湖、下城門水塘及沙田濾水廠，以儲存及過濾食水；而將過濾後的食水運送往市區，則需要興建輸水隧道穿越九龍群山。

在籌備興建輸水隧道的同時，政府亦打算發展新界地區，以容納過度擠迫的市區人口及增加工業用地，因此規劃沙田成為新市鎮，並將計劃中的輸水隧道改變為上層行車、下層輸水的獅子山隧道。隧道於 1961 年動工，以兩年多時間貫通，在完成管道及連接道路的鋪設工程後，獅子山隧道正式於 1967 年 11 月 14 日由時任港督戴麟趾爵士主持開幕，揭

第二條管道尚未興建的獅子山隧道九龍出口，首條管道採用單管雙程行車。

獅子山隧道首條管道開幕的紀念碑。現鑲嵌在舊行政大樓外牆。

幕銅牌現鑲嵌在舊行政大樓外牆。當時的獅隧只有單管道雙程行車，即目前的南行線管道。

直至 1973 年，隨着輸水量及預期交通流量持續增長，故在已有之管道的西面增建一管道，同樣為輸水及行車共用，名為**第二獅子山隧道**，1978 年 1 月 18 日由港督麥理浩爵士（Sir Murray MacLehose）主持揭幕，自此獅隧南北行均有各自的管道行車。而以雲石材質製作的紀念碑，放置在新行政大樓近第二獅子山隧道出口處，碑上亦記載隧道由工務局轄下的水務處及路政處設計，並由濬海（Dragages）公共工程公司及均安建造公司承建。

在興建第二獅隧的同時，因預期交通流量的增加，路政處在獅隧九龍出口與龍翔道交界，興建天橋交匯處，以取代原有的迴旋處。**獅子山交通總匯**於 1974 年 4 月 11 日由時任立法局議員張奧偉大律師主持揭幕，以不鏽鋼製作的紀念碑鑲嵌在天橋基座上，記錄了此交匯處由工務司署路政處與茂盛顧問工程師共同設計，金門（香港）有限公司負責興建。

獅子山隧道第二條管道的出入口鑲嵌了「第二獅子山隧道」的名稱，而由於獅子山隧道即將進行擴闊工程，這條管道未來會由新建的行車管道取代。

獅子山隧道的第二條管道啟用紀念碑，碑文將該管道稱為「獅子山第二隧道」。此紀念碑放置在新行政大樓近第二獅子山隧道出口處。

獅子山交通總匯啟用紀念碑。

海底隧道跨港九

隧道成為車輛穿越山嶺的捷徑，跨過維港方面又如何？早在二戰前的 1920 年代，已有興建跨海大橋的建議，但由於經費龐大，最終政府接納油蔴地小輪公司之建議，以汽車渡輪接載車輛渡海。隨後政府於 1930 年興建中環統一碼頭及油蔴地佐敦道碼頭，1933 年 3 月 6 日啟用，同時供普通載客渡海輪及汽車渡輪使用。至戰後汽車渡海的需求日益增加，1960 年代逐步改建碼頭及汽車渡輪供雙層載車、在原有碼頭旁增加汽車登船泊位、增設九龍城及北角汽車渡輪碼頭等，以應付與日俱增的汽車渡海需求。

在增加汽車渡輪運載量的同時，政府與私人機構亦研究興建跨海大橋或隧道的可行性，最後決定交由私人機構興建**海底隧道**，連接紅磡灣及銅鑼灣新填海區，並透過新建的道路網絡連繫港九各區。海底隧道於 1969 年 9 月動工，1972 年 8 月 2 日由港督麥理浩爵士主持通車典禮，正式對外開放使用。同年 10 月 21 日雅麗珊郡主（Princess Alexandra）訪港期間，亦安排參觀海底隧道及主持竣工紀念碑揭幕儀式。

而在奇力島旁邊的海底隧道港島出口，亦興建一組**天橋及交匯處**，以連接附近的告士打道、維園道，甚至在已改作暗渠的寶寧頓運河上方興建天橋，深入至禮頓道，以便利進出海底隧道及來往港島各區的車輛通行。

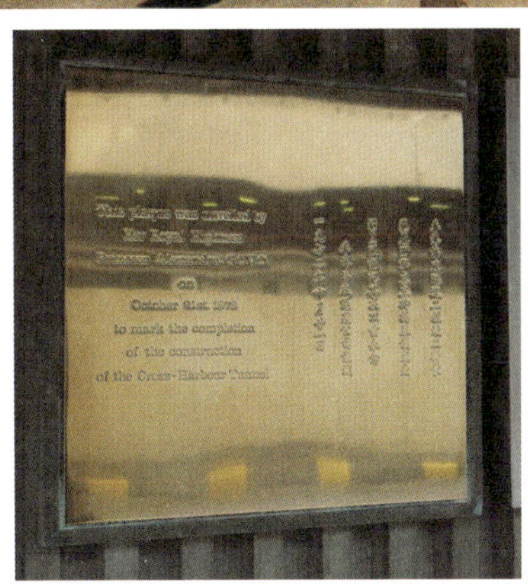

▲ 通車初期的海底隧道，與現今車水馬龍的情景截然不同。

◀ 現放置於海底隧道行政大樓正門外，由雅麗珊郡主揭幕的海底隧道竣工紀念碑；但其實隧道在揭幕前兩個多月已經通車。

交匯處於 1972 年 3 月 29 日通車，比海底隧道早 4 個月，當日由工程拓展局局長韋迪吉（J. R. Whitaker）太平紳士主禮。銅製的碑記鑲嵌在交匯處天橋底的橋柱上，而該天橋底連同交匯處中央的圓形地則用作公園，供附近的市民休憩康樂。碑記亦列出此工程由史葛惠柳新高柏力（Scott Wilson Kirkpatrick & Partners）、費爾文霍士（Freeman Fox & Partners）兩所工程公司與工務司署聯合設計，並由保利工程（Paul Y）與福利建築聯合承建。

九龍出口方面，除了道路網絡，政府稍後更將**九廣鐵路九龍總站**由尖沙嘴遷至海底隧道九龍出口旁邊，以便利鐵路的乘客及貨物轉運至港島。車站於 1975 年落成，適逢該年 5 月 4 至 7 日英女皇伊利沙伯二世首次訪港，因此政府安排女皇於 5 月 5 日下午到訪新車站並進行揭幕儀式，隨後到車站大堂參觀由貿易發展局主辦的「香港之進展」展覽會。然而當時車站的其他設施尚未完工，九廣鐵路九龍總站延至該年 11 月 30 日才正式遷至新址。

海底隧道港島出口天橋的啟用紀念碑，而橋底已成為市民遊樂的空間。

▲ 新建的九龍車站上方建有大型停車場及巴士總站，成為連接港九新界的交通樞紐。相片右邊為連接海底隧道、公主道及漆咸道的康莊道，為香港最繁忙的道路之一。

▲ 英女皇為紅磡火車站揭幕的紀念碑現裝嵌在紅磡站的中層通道上。

一號動脈連南北

自此，連接獅子山隧道及紅磡海底隧道的道路日漸繁忙，當中連接這兩條隧道，貫穿九龍中部的窩打老道及公主道更成為九龍區交通大動脈，因此政府在 1970、80 年代為該路段先後進行多次路面擴闊、興建行車天橋跨越繁忙路口等改善工程，以增加汽車流量並減少擠塞，當中有兩條天橋存留紀念碑作歷史的見證。

橫跨亞皆老街，連接窩打老道的**公主道天橋**，早於 1966 年 4 月 4 日通車，以便利從九龍北部及新界東部前往紅磡、尖沙嘴及當時規劃中的海底隧道，並避開該處 3 條主要幹道的交匯點。此橋為香港最早期的行車天橋之一，但由於設計上出現缺陷，橋上的彎位沒有傾側設計，以抵消車輛轉彎時所產生的離心力，令車輛容易失控，引致多宗嚴重的交通意外。

另外，隨着沙田、大埔等新界東新市鎮的發展，以及香港仔隧道的通車，都為此路段的車流量帶來增長，天橋的三線行車已不足以應付需求，因此政府經多年的研究後決定重建公主道天橋。政府早於 1978 年已開始擴闊天橋的計劃，但由於需要勘探該處舊橋結構是否安全、規劃工程期間的交通、收回私人土地等問題，工程被拖延接近 10 年之久。

新公主道天橋由路政署設計，日本西松建設株式會社承建，為免重建期間對這條主幹道的交通帶來嚴重影響，是以計劃採取分階段施工。工程首先興建承托支架及新橋躉，並拆卸一條行車線，餘下兩條行車線則只供南行方向使用，直至新橋的首兩條行車線完工後，再拆卸舊橋餘下的部分，以興建新橋另外兩條行車線。1986 年 6 月中，運輸署分階段對該區附近的道路實施改道安排，以減低封路對交通的影響；8 月 28 日開始封閉天橋北行線，重建工程終於展開。

公主道橋下方的紀念碑，亦吸引等候橫過這條繁忙路口的路人駐足觀看。

重建工程歷時兩年多，新橋的兩個行車方向各有兩條行車線，中央則設有分隔石欄防止車輛迎頭相撞。1989 年 3 月 10 日全面啟用，當日由時任行政局議員謝志偉博士主持啟用典禮，並為裝嵌在新橋躉上的紀念碑揭幕。

另外，與重建公主道天橋同期規劃的「**歌和老街、窩打老道、聯合道天橋**」，於 1985 年 2 月 18 日落成，便利經窩打老道往來獅子山隧道的車輛穿越歌和老街及聯合道的路口。天橋由工程拓展署路政處設計，金門（香港）有限公司承建，並邀請時任立法局議員張鑑泉先生主持啟用典禮，紀念碑放置在橋下的聯合道行人過路處旁邊。

▲「歌和老街、窩打老道、聯合道天橋」的啟用紀念碑，是浸會大學師生前往港鐵站的必經之處。

雙層天橋通半山

中區堅道至干德道之間的半山區，在戰前作為中產歐美人士以至較富有的華商居住地區，建築多為 3、4 層高的西式樓房。至戰後因時局不穩而從內地南下的商賈，以及來港工作經商的外籍人士，亦會選擇環境較佳的半山區作為居所。在住屋需求增加下，舊樓房亦逐漸重建為高樓。然而地理環境所限，半山區難以增建或擴闊道路，每日來往山下市區的人口流動遂成為嚴重的交通問題。

為處理這問題，政府在半山區較低處的堅道及羅便臣道，以興建紅棉路、擴闊花園道及雅賓利道等方式應付；但在最高處的干德道，只有彎急路窄的行車路線連接羅便臣道，難題仍然存在。

跨越山谷的忌連拿利天橋，上層供車兩行駛，下層則供行人使用。

直至 1970 年代末，政府在干德道東端的忌連拿利谷興建高架天橋，再經羅便臣道直接連接到花園道，除了作為直接通往山下的路徑，亦緩減了下山的坡度，令行車更安全。當中在干德道至羅便臣道之間的一段天橋，更以雙層設計，上層行車下層行人，除了能減省建築所需空間外，亦能為途人遮光擋雨。行人通道接通羅便臣道及忌連拿利的下段，可供步行到達雲咸街一帶的中環核心地區，為居民帶來方便。

整組「**忌連拿利天橋**」由巴馬丹拿（Palmer and Turner）顧問工程師設計，華益建築有限公司承建，1979 年 12 月 13 日由時任立法局議員鄧蓮如女士主持啟用典禮，並設置一塊紀念碑鑲嵌在行人通道旁以誌其事。

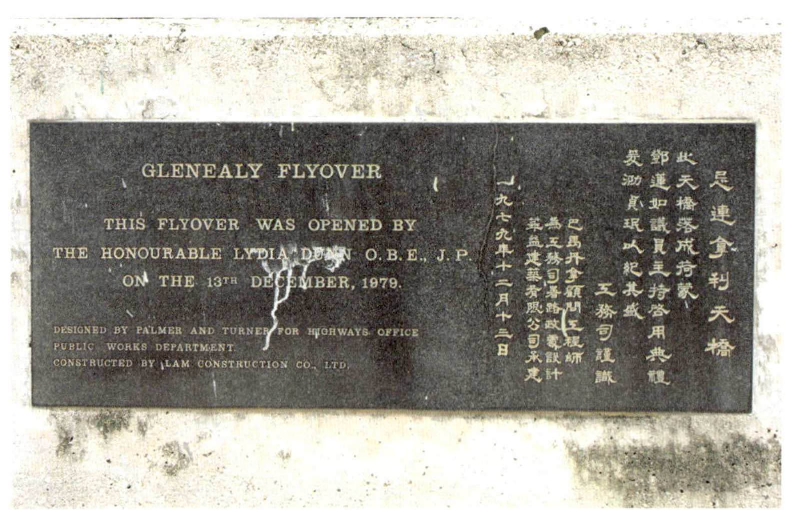

▲ 忌連拿利天橋啟用紀念碑。

防衛軍路登山嶺

香港作為英國在遠東地區的重要港口，駐港英軍歷年來在各處山頭都設有軍事防禦點，並興築通道以作連接。除了前文提及在戰前興建的扎山道，以及西貢道近井欄樹連接鯉魚門魔鬼山砲台的安達臣道外，戰後在新界北部的山嶺也部署防備，興建多條軍路，以連接山上的防衛設施及演習訓練地點。

現存設有紀念碑的軍路分別有 1950 年連接沙頭角大塘湖至紅花嶺的 **Robins Nest Jeep Track**、1950 年連接大埔九龍坑至龍山的 **Birdly Jeep Track**、1950 年連接林村坑下莆至北大刀屻的 **Titan Jeep Track**，以及 1955 年興建大埔橋頭至和合石的 **Tau Pass Jeep Track**。當中 Titan Jeep Track 的紀念碑在英軍訓練營轉交予愛丁堡公爵獎勵計劃作營舍後，被營方翻新為路標，因此難以查看碑文上的原本刻字。

攝於 1900 年代的早期軍事碉堡，相片附載的文字資料表示此建築物位於九龍東部的魔鬼山上，軍部透過修築安達臣道作為該區山頭上的軍事要塞與外界的聯繫通道。(圖由「香港浸會大學香港空間史研究計劃」提供)

大埔橋頭的 Tau Pass Jeep Track 紀念碑。

大埔九龍坑的 Birdly Jeep Track 紀念碑。

九龍坑 Birdly Jeep Track 軍路旁的廢棄軍事設施。

沙頭角大塘湖的 Robins Nest Jeep Track 紀念碑。

已被愛丁堡公爵訓練營路標覆蓋的林村坑下莆 Titan Jeep Track 紀念碑。

軍路建成後，英軍恒常會駕駛坦克及軍車登山演習，但由於從軍營前往這些訓練地點會途經民用道路甚至橫越鐵路，軍車失控墮入路邊農田等意外時有發生，當中最嚴重的一次可算是在九龍坑九廣鐵路的平交道上發生。

1955 年 11 月 12 日下午 3 時許，一輛進行訓練的英軍彗星型坦克由大埔公路準備駛往 Birdly Jeep Track，在駛經鐵路平交道前，坦克指揮員摩亞未有察看有無列車駛至，直至接近平交道時才發現由運抵本港不久、以時任港督葛量洪爵士命名的 51 號 Sir Alexander 柴油機車拉動的列車，正從大埔方向高速駛近，摩亞立即通知坦克內的駕駛員，在未等待對方回覆確認便自行跳車逃生，結果坦克未有及時停車而與火車相撞；事故後柴油機車剷入路旁的農田，而隨後的貨卡及三等客卡與坦克撞擊後扭成一團，如同廢鐵。意外最終引致火車車長俞載甫及坦克電訊員哥連斯死亡，另有 6 人受傷送院治理。

經過鐵路局及英軍清理搶修後，該段鐵路於兩日後恢復通車，而柴油機車經過維修後再次投入服務，直至 1997 年方告退役，隨後更被保留及復修，2004 年移交到香港鐵路博物館，成為展品之一。

大埔九龍坑九廣鐵路列車與英軍坦克相撞意外，可見損毀嚴重。

51

中式路碑遍各區

中式碑記常見於鄉郊地區，以立碑時代而言，由滿清時期至戰後近代均有之。現今出入新界村落，絕大多數都已有可供車輛行走的瀝青水泥路，然而昔日鄉民進出村落的路徑，往往都是泥路小徑，甚至要跨越河溪，在天氣欠佳的日子更是難走。在城市尚在開發階段的年代，政府難以為每條村落全額支付修路建橋之費用，需要依靠村民集資以及鄉紳、商號等善長的捐助，因此中式碑記大多會刻記捐款者名錄。

現存香港歷史最悠久的橋碑為錦田水頭村的**便母橋**橋碑，該橋由錦田鄧氏十九世祖俊元公於康熙四十九年（1710 年）建立，並立碑記述建橋始末。鄧母陳氏早年喪夫，居於泰康圍獨力撫養俊元、彥元兄弟，俊元成年後娶妻生兒遷居水頭村；由於鄧母念掛兒孫，每日朝夕往返兩村之間，途中需涉水渡河，甚為不便。俊元公遂聘請福建漳州平和縣技師興建石板橋，以便利母親及村民渡河。石橋至今經歷 300 多年仍保存完好，政府亦早在旁邊另建新橋，讓居民出入更方便。

▲ 錦田水頭村便母橋。

▲ 便母橋旁邊豎立碑記以紀念建橋事跡。

「便母橋」碑文

余祖諱感字居咸父諱重光字焯灼母黃氏生子兄弟俊元彥元不幸幼年失怙母守孀居克勤克儉日夕庭訓今子長成娶陳氏忝生二子長男棟炳次男承德但念世居錦田村予于甲申年構居故址因弟未復旧居仍在隔河泰康圍母念幼孫朝夕往來常誦涉水之艱于是吾努力造樑為母之便因而名其橋曰便母若謂廣濟眾人藉以邀福非予所敢也

旹　　係福建漳州平和縣人造

康熙四十九年歲次庚寅冬月吉日鄧俊元建碑

同樣位處錦田鄉，位於高埔村的**高步橋**建於康熙五十六年（1717 年），只比便母橋稍遲興建，同樣亦有豎立碑記，是目前已知在香港境內第二古老的橋碑。此橋的建立乃便利錦田居民前往元朗舊墟，倡建者亦以錦田鄧氏族人為主，當中包括建立便母橋的鄧俊元；碑銘上除了刻錄建橋源起，亦附有捐款者芳名，唯年代久遠日漸風化，碑上刻字大多難以辨識，而古橋亦在數十年前政府治理錦田河期間被拆走，橋碑由村長保留，現暫存村內某處，留待日後有機會重置。

在市郊及新界地區的村落遊覽考察時，不時都會見到這些碑記，但由於數量眾多，位置分散，以往亦沒有專門的記錄，而且因年代久遠難免破損或隱沒在叢林之間，因此難以一一盡錄。這些碑記多以花崗石、大理石等天然石材刻製，亦有以較廉價及方便的灰泥、英泥刻寫，但某些石材會被風雨及青苔侵蝕，灰泥英泥更容易龜裂剝落，對研究碑銘帶來困難。

暫存在高埔村露天倉庫內的高步橋碑。

「高步橋碑」碑文

深厲淺揭孰如雁齒之堅完徒杠輿梁必藉歲功之建造況土廣人眾繽紛絡繹其于水陸要津而可無橋以為利涉資乎予司鐸新安通覽輿圖邑之東得山環水抱之秀者則有錦田一鄉寔大都會也一日門人鄧子紹周來謁云子鄉有二水其原此由西海漸至邨前分繞南北其北條之水已有便母橋向者曾紀其成惟南條一水環峙相呼褰裳莫濟今吾鄉宗人議欲造橋有祖叔叔父俊元與柏等□□眾君用集眾腋不惜捐貲往歲催工砌石今春役竣告成請一言以記予因為之紀其事且樂為之慶曰橋既落成則任潮長之盈盈蓋往來之絡繹皆得以拾級而前高步而進矣其何以名茲橋哉則直名之高步可也今而後亦步亦趨行之自迩者其在斯橋乎遵道遵路如識通衢者其亦由斯者乎是為記

廣州府新安縣儒學司訓加一級盤有光謹識

□助部□名刻□□（從略）

康熙五十六年歲次丁酉仲春吉旦立石

滄海桑田話廣福

大埔墟在英治以前已經是一個繁盛的市集，乃新安縣的重要墟市之一，英人租借新界後亦選擇以此區進行接管儀式及作為日後主理新界地區行政之地點。大埔墟有新舊墟之分，舊墟由龍躍頭鄧氏創立，後由大埔頭鄧氏主理，於康熙十一年（1672 年）在昔日林村河口北岸開設，位置上除可經陸路接通新安縣內陸的南頭、深圳等墟市及村落，亦可循水路通往粵東地區。新墟則於光緒十八年（1892 年）由泰亨文氏為首的區內村落聯盟「大埔七約」，在舊墟對岸開設，取名「太和市」，以打破鄧氏的壟斷。

太和市建立後，村民每每需要渡河往來，甚為艱辛不便。光緒廿二年（1896 年）七約鄉紳籌建石橋以便利通行，並獲各地村民商號捐款支持；太和市文武廟內放置一套兩塊「建造廣福橋芳名開列」碑記，記錄當年**廣福橋**的建橋始末，以及發起鄉紳與善長的芳名。捐款者除了七約內的鄉眾祖堂外，在該區傳教的天主教堂、同屬新安縣內的瀝源、西貢、深圳等村落，甚至遠至歸善、陸豐、婆羅洲（碑文以客家語地名「班鳥」刻錄）等地的商號亦為善長之一。

▲ 裝嵌在太和市文武廟內的「建造廣福橋芳名開列」碑記。

廣福橋建成後，百多年來歷經多次重建。翻查英國接管新界初期的舊地圖，初代廣福橋的位置與現時的廣福橋接近，唯樣式未有詳細記載，相信與其他常見的中式橋樑一樣，大既為一條六角柱型基座的石板橋。1898 年英國租借新界後，港英政府為改善來往市區及新界的交通，先後興建大埔公路及青山公路，而在 1904 年建設大埔至粉嶺段大埔公路的同時，興建一條可供車輛行駛的鋼筋混凝土橋樑，以取代原有的廣福石橋。

「建造廣福橋芳名開列」碑文

嘗聞捐金築道斯仰有夷之行助資造橋聿昭無量之德賦蒹葭之什彌切泝洄歌匏葉之章曾嗟厲揭所以成厥杠梁古聖王勞心興作達其道路億萬姓竭力經營也念茲太和市橫水渡一處溪流渺渺河水洋洋或傷行路之艱難或歎窮途之險阻或擔簦躡屩致苦褰裳或服賈牽車幾虞濡軌或披星戴月漁樵莫問相與躑躅乎歧途或沐雨櫛風舟子誰招終且徘徊於澤畔況且關津大道類多行旅之往來鄉里如林不乏人民之出入倘非聚石為徛安得臨流有濟於是文湛泉先生倡而修之七約眾衿耆附而和焉爰集同人共勷美舉第工程浩大非獨力所能成材料甚繁惟眾擎乃可舉故廣設緣部隨處勸題今幸雁齒落成須藉仁人之賜虹腰在望端資長者之金允矣功逾渡蟻洵哉德勝剪荊使行人無病涉之勞過客有安驅之樂庶幾諸君濟人駿惠偕大道以齊輝通路鴻恩與銘碑而永奠是為引

首事芳名列后（從略）

光緒二十二年歲次丙申仲夏月吉旦立碑

直至戰後車輛流量增加，只有雙線行車的天橋不足以應付，加上舊橋日久失修，政府於 1957 年將之重建為可供四線行車的新橋，而時任新界民政署長彭德諮詢大埔鄉紳並考究歷史資料後，將新橋命名為「廣福橋」，是之為第三代廣福橋，並將大埔墟內的一段大埔公路易名為廣福道。

1980 年代大埔發展為新市鎮，大埔墟對出的海灣亦被填海作住宅發展，政府亦重新規劃區內的道路建設，興建新幹道以取代廣福橋，後者於 1984 年 1 月 27 日起封閉並拆卸，自此林村河兩岸的廣福道不再有車路直通。然而為方便行人來往河道兩岸，政府同時亦興建多條行人天橋，當中新建的第四代廣福橋於 1987 年 12 月 20 日啟用，上蓋除了以中式設計，旁邊的休憩處亦放置了舊行車橋的「KWONG FUK BRIDGE 1957 廣福橋」石碑及部分石砌欄杆。

至於新舊兩墟的發展，因着大埔公路通車，加上九廣鐵路在太和市（新墟）旁設置大埔墟站，令太和市日益繁盛，至今仍然為大埔區內的傳統市集，聚集了各式商販，市民熙來攘往，好不熱鬧。相反大埔舊墟隨着大埔新市鎮的發展，該處已成為新式的住宅大樓，只有附近的街道及設施名稱，以及墟市的宗教中心天后宮作為昔日的見證。

▶ 廣福石橋拆卸後興建的行車橋，是為第二代廣福橋，於 1957 年拆卸重建。

▼ 於 1957 年興建的第三代廣福橋拆卸後，保留部分文物在新廣福橋附近以作紀念。

紅金龍
WILLS'S
GOLD FLAKE

白牛石新舊橋碑

大埔林村位處大帽山與大刀屻之間的山谷地帶，谷中的林村河川流不息，數百年來各姓村民聚居於谷中各處，並組成鄉約。林村鄉內有步道「觀音逕」通往大埔頭，以便村民往返大埔墟市，此路早於嘉慶廿四年刊行的《新安縣志》亦有記載。然而出入村落往往要穿越林村河的大小支流，因此區內建有不少渡河小橋，以便利村民往返，當中部分仍有捐建碑銘存留，位於白牛石村的**仁壽橋**橋碑是其一。

仁壽橋的碑銘以「百鰲石村前修路造橋募捐小引」為題，顯見白牛石的原名實為百鰲石。在香港各處，村落或地名出現變更並非少見，通常會以近音字取代一些筆劃複雜的字以便利書寫，或者取代不雅用字、意思不吉利等「雅化」地名，白牛石的更名應屬前者。

現時在仁壽橋橋頭豎立的石碑，碑銘一如其他路橋碑，記述建橋因由及捐款芳名。此碑特別之處是最後一句「此碑於二零一四年秋月重建」，可見此碑並非原本的石碑。至於為何要重刻石碑？原本的石碑又到了何處？本社成員在考察期間，竟然在附近路邊草叢發現一塊斷裂成兩截，疑似嘗試修復後被棄置的花崗石碑，而碑文與上述橋碑一致，只是欠缺重建的一句，相信是舊碑被更換後放置於此，最終這塊舊橋碑由村代表及村中父老商議後捐贈予本社作保存及研究。

▲ 現時的仁壽橋及位於橋頭的碑記。

「仁壽橋」碑文

百鰲石村前修路造橋募捐小引

竊以山阻难行移既鮮愚公之力水寒病涉濟莫來子產之輿此剪荊修路刻不容遲而鑿石造桥勢所难緩也　茲我百鰲石村前一處雖非南北通衢亦屬鄉村要路奈小如鳥道崎嶇每慨難行曲等羊腸來往諸形不便兼且洋洋一水莫渡徧悵臨流渺渺雙涯誕登空懷彼岸故前此屢擬興工修築竟阻於鉅款难籌九我鄉人引為憾事今英政府賜之多金更得諸善士助以義款逐使路闢蠶叢橋成雁齒功竣不日利及行人將見頌遍道路德惠自傳於無窮碑勒河干姓名則永垂不朽人民出入長樂昇平之福矣是為引

元朗源泰刻

芳名列左（從略）

西曆〡〤〢三千年　民國十二年癸亥秋月吉旦

發起人梁恭宏　立石

仁壽橋建於 1923 年，碑銘引言記述建路原由，乃村民進出需跨過林村河支流，甚為不便，因此籌募善款，建橋渡河。翻查開埠初期的新界地圖，可見林村谷有一條以較粗線條標示的主要路徑，由大埔頭三渡橋開始，經坑下莆、放馬莆、鍾屋村、塘面村、新村麻布尾、寨乪，跨越林村坳後到達上村，而理民府亦有多次撥款分段修葺「林村路」的記錄，相信此乃「觀音逕」的大概走線，因此白牛石村民進出「觀音逕」必須渡河到達寨乪附近。

捐款芳名以金額排列，首位者為「英政府捐銀陸百元」，翻查當年由新界理民官撰寫的新界年報，記錄了北約理民府出資 600 元於林村鄉白牛石村建橋，與碑文吻合。除政府撥款以及白牛石村的梁氏村民外，亦有新界鄉紳及宗教人士捐助，例如曾任東華及廣華總理的何萼、凌雲寺住持妙參法師及其弟子學修法師、元朗鄉紳趙秋田、趙心田昆仲等。

仁壽橋舊碑。

茶果嶺消逝印記

由於城市化的發展，現存在市區的中式路碑相對較罕見，即使昔日曾經建立的舊橋古道，亦會隨着村落的遷拆、城市的擴張而消失。位處東九龍海岸的茶果嶺村，亦即將清拆，以興建公營房屋及 T2 幹道，見證此村近 200 年歷史之文物，亦未必能全數保留。

香港茶果嶺村的歷史，可從本地的採石業説起。眾所周知，香港的山嶺多屬花崗岩石質，可用作優質的建築材料。隨着廣府地區及香港的發展，石料需求增加，吸引鄰近縣市的客籍人士來港採石。在昔日香港採石場當中，最為人知有港島的石塘咀、阿公岩，以及九龍牛頭角、茜草灣、茶果嶺及鯉魚門合稱的「四山」。這些採石場大多位處海岸附近，以便透過船隻將石材運送到珠江沿岸及華南沿海市鎮，其中被稱為「石室教堂」的廣州耶穌聖心主教座堂就是以牛頭角及茶果嶺所出產的石材興建。

採石場作為作業謀生的地域，早年在此生活的人士並沒有長居的打算，因此，茶果嶺的開村年份難以考證，但作為四山的宗教中心之天后古廟，始建於清道光年間，因此四山採石場的建立應不遲於 1850 年，時間上亦與香港的開埠發展頗有關係。

茶果嶺早年的對外交通以海路為主，至 1930 年代中後期在茶果嶺與茜草灣之間的海岸開始有填海工程進行，政府亦曾計劃在東九龍沿岸進行大規模填海作為港口發展。二戰結束後，這塊填海得來的土地由亞細亞火油公司購入興建油庫，政府亦繼續擴展東九龍的填海工程，成為日後的觀塘衛星城市，自此茶果嶺村民可通過油庫旁邊新建的茶果嶺道，得到較方便的陸路對外連繫。

村內的茶果嶺大街與油庫之間以一條沿岸小路連接，唯因多年來被颱風巨浪毀壞，變得崎嶇難行，茶果嶺鄉公所值理商議募捐，獲香港磁坭公司、亞細亞火油公司、區內商號及村民捐助，華民政務司亦提供英泥石料作資助。小路於 1960 年修建完成，並命名為「**仁人路**」。

隨着觀塘工業區再向東擴展，茶果嶺村沿岸亦進行填海，以將茶果嶺道延長至油塘灣，仁人路亦功成身退，只餘下一塊英泥石碑。

時至今日，觀塘由工業區轉變成商貿區、亞細亞油庫遷移後建成大型屋苑（麗港城），茶果嶺這條沿海村落亦即將迎來巨變，而在數年前的一場大火，仁人路石碑亦受祝融波及，表面出現大量裂紋並有部分脫落，將來茶果嶺發展後會否獲得保留尚未可知。

「仁人路」碑文

蓋聞修橋施路必得厚福独善其身理無久享故世人立德積善其理至明夫我茶果嶺地處海隅唯一交通命脉則端賴大街而至官塘之路線位居本境之中心握工商業之咽喉今也為颶風巨浪所摧毀頓成突兀峻嶒此王特肩挑負荷大感艰难即行客亦提防折足此為仁人君子大興惻隱之心者也本鄉公所及街坊值理會認為事体重大非群策群力不能將路重修乃一面呈請

華民政務司援助英坭石料一面發起緣部募集工資義旗豎起果得四方善士各大公司見善惟恐不及盡解仁囊玉成其舉茲已大功告成爰將此路命名為仁人路特引數言表揚善意立碑留名以垂不朽是為序

惠陽歐陽明敬撰並刻

樂助善款列后（從略）

一九六零年歲次庚子七月吉日立

茶果嶺鄉公所
街坊值理會
仝立

已破損嚴重的仁人路碑。

2.2 里程碑與問路石

現今科技發達，我們只需有智能電話在手，即可知道身處的位置，並指示如何能到達目的地。但在只有紙本地圖，甚至只能從山形地勢的描述，透過指南針及觀察日月星晨得知方位的時代，途人又如何知道自己所行走的路徑是否正確？

羣帶路與香港首批里程碑

英人於 1841 年佔領香港島後，因應管治及防衛上的需要，除了在港島北岸的維多利亞城建立城市道路網絡外，亦先後建立一條環繞全島，以及一條穿越黃泥涌峽連接北面和東南面兩岸的道路，以便連接東邊的西灣山、南邊的赤柱等軍事據點，及島上各條主要村落。這兩條路徑由於要在短時間內興建，而且汽車尚未誕生，所以只是沿海岸線及山腰修建的平緩小徑，闊度足夠讓騾車通行，隨後才逐漸擴闊。

在興建這兩條道路的同時，亦在每相隔一英里的距離豎立石碑，以告知途人道路的終點及距離。早在 1945 年由哥連臣中尉負責測繪的香港地圖上，亦有以羅馬數字標示出這些道路的里程，路人透過閱讀地圖便可得知身處的大約位置。時至今日，這些早期的道路經過多次擴闊及修改，大部分已被新建的路面覆蓋，或淹沒在大潭篤水塘的水底下，只餘下少部分的初始路徑及石砌拱橋在叢林之間。

位於大潭水塘道的大潭羣帶路里程碑。

曾經在香港歷史博物館展出的薄扶林羣帶路里程碑。

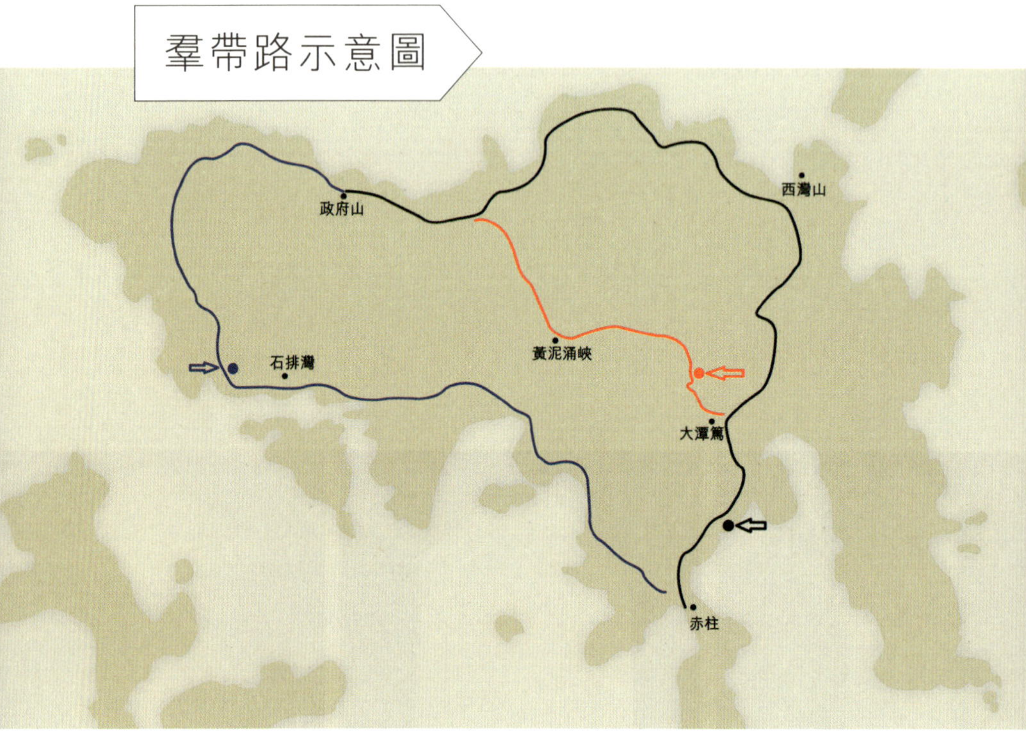

目前在**大潭副水塘水壩旁邊**，仍豎立一支以花崗石雕刻而成的三角柱體里程碑，石碑的兩面分別刻上「VICTORIA // 5 MILES // 路帶羣 // 里八十」及「STANLEY // 4 MILES // 柱赤 // 里四十」，以標示該處至目的地的路程（位置見上圖紅色箭咀）。另外在 1967 年，有市民發現在**薄扶林**一所村屋外牆上有一塊同樣形式的里程碑，石碑兩面分別刻有「VICTORIA // 5 MILES // 路帶羣 // 里八十」及「ABERDEEN // 1 MILE // 灣排石 // 里三」（位置見上圖藍色箭咀），而這塊里程碑後由香港歷史博物館收藏，曾經在「香港故事」常設展覽中展出。

這些里程碑均以羣帶路作為起點，因此被稱為「羣帶路里程碑」。「羣帶路」的位置就是維多利亞城（CITY OF VICTORIA）的中心，即現今的中環一帶地區，而碑上的里數以政府山為起點。

以「VICTORIA // 5 MILES // 路帶羣 // 里八十」為例，這些里程碑以中英兩文書寫，分別標示英里和華里兩種單位，因此會知道：

- 「VICTORIA // 5 MILES」：表示你身處的位置距離維多利亞城約 5 英里；
- 「路帶羣 // 里八十」：以華里標示與維多利亞城中心的距離，而 1 英里約等於 3.5 華里。

除前述兩支里程碑外，在香港市政局於 1988 年出版的《香港文物志》，亦記載一支在大潭道發現的羣帶路里程碑，石碑上其中一面所標示的里程為「VICTORIA // 7 MILES // 路帶羣 // 里五十二」，而另一面則較模糊，估計為「STANLEY // 2 MILES // 柱赤 // 里七」（位置見左圖黑色箭咀），但這塊里程碑未曾作公開展示。

▲ 現已被叢林遮閉的舊環島道路。

環繞新界公路網絡

英國租借新界後，政府及軍部陸續在這廣闊的地區興建道路，最早完成的幹道為**大埔公路**及**青山公路**，環迴連接各條主要鄉村及墟市，為新界的道路建設揭開序幕。然而新界幅員廣闊，需要以里程碑配合地圖等資訊，以便駕駛者得悉自己的所在位置，早在 1904 年的地圖上已有使用「MS」（即 Milestone 的簡寫）記號作為標示大埔公路的里程，而當時亦只是完成由九龍至大埔路段的簡單修建。

作為最早的新界環迴公路，大埔公路與青山公路的里程碑使用同一組系統，以尖沙嘴碼頭為起訖點，經過彌敦道、青山道、青山公路、大埔公路、大埔道、彌敦道返回尖沙嘴碼頭，全長 56.5 英里（Miles），在 1939 年開始發行的 1:20000 地圖上，亦以順時針方向使用同一組里程距離對此作標示。

里程碑以三角柱體的花崗石刻鑿，每相隔半英里豎立一塊，設置在青山公路的北行線及大埔公路的南行線，面向行車線的兩面分別刻有以不同方向距離尖沙嘴碼頭的里程，因此每塊里程碑上兩組數字的總和必定是 56½。里程碑的頂部輕微向行車線一面傾斜，尖端切割出一個凹陷小三角，可能是指向行車線的定位作用，避免安裝時方向有誤，這種設計亦常見於其他新界公路的里程碑，大概是一種標準的設計樣式。

百年來大埔公路及青山公路經過多次的擴闊行車線、拉直彎位等工程，大部分里程碑都已經被移除，而且不少路段已被新建的公路取代或截斷，高速公路網絡亦分階段落成，成為新的新界環迴公路，因此現時已經不能純粹使用大埔公路及青山公路環繞新界一周，原有的里程碑已失去了標示里程的作用。另一方面，政府於 1982 年開始在道路標記劃一採用十進制，使用公里作單位，以鋁片製作的里程標示已在各條主要幹道上廣泛使用，舊日的里程碑亦因此失去功用，成為歷史文物。

以英里作標示的里程碑，除了作為向道路使用者標示位置及距離，亦成為市民對地方的稱呼。香港華人常以 Miles 的粵語近音「咪」代替英里，一些距離原有村落較遠的地點往往以附近的里程碑編號作敘述，尤以郊遊地點為甚，最常見為荃灣與屯門之間沿岸的多個泳灘，時至今日即使十進制已推行數十年，這些偏遠地區仍然以「咪數」作為官方地址。例如青山公路 19 咪的青山灣泳灘、青山公路 18 咪半的黃金泳灘等。

▲ 位於青山公路 5 咪近九華徑的里程碑。留意兩組數字總和是 56½ 英里。

位於大埔公路 12 咪半近大埔尾的里程碑，由於該路段曾進行彎路拉直的工程，此碑遠離現時的路面，見證着昔日的行車路線。

戰爭中的西貢公路

除了大埔公路及青山公路，其他位於新界及大嶼山的昔日主要幹道亦有豎立里程碑。

連接九龍城與西貢牛尾海南岸的西貢道，在 1932 年已經通行，以配合醉酒灣防線作為防衛九龍東部地區的軍民兩用道路。日佔時期日軍擴建啟德機場，鄰近機場的一段西貢道亦需改道，並同時指令西貢村民興建簡單的軍車支路以連接西貢墟。1945 年香港重光，由英國皇家海軍第 3 突擊旅第 42 海軍陸戰突擊營，指揮英軍工程兵及 80 名日軍戰俘繼續修建，並命名為**西貢公路**，而原有之西貢道亦改名為**清水灣道**，以避免混淆。西貢公路的英文名稱為 Hiram's Highway，乃來自當時的指揮官 John Wynne Potts 中尉的綽號 Hiram，這個綽號源於二戰駐守緬甸期間的其中一款軍糧，由芝加哥 Hiram K. Potts 生產的香腸，剛巧與中尉的姓氏相同，而他亦喜好此款食品，因而得名。

清水灣道與西貢公路的里程碑以尖沙嘴碼頭為起點計算距離，每相隔半英里豎立一塊，石碑使用鋼筋混凝土製成類似三角柱體的形狀，但背向行車線的一面為空芯，可能是以減省物料及重量為考量。面向行車線的兩面直立面以白底黑字標示 FROM STAR FERRY 及 TO STAR FERRY 的英里距離，但由於數十年來沒有再被翻新，油漆脱落字體模糊，而頂部傾斜立面則刻有里程數字。

由於介乎牛池灣至大埔仔之間的清水灣道於 1980 年代初進行大規模的擴闊工程，該路段的里程碑相信在當時已被移除，而位於孟公屋至相思灣之間的里程碑亦被更換為標準款式的花崗石三角柱，面向行車線的兩面刻有「Mi」（即英里 Mile 的簡寫）及里數。

西貢公路落成紀念碑，由負責修建的英軍部隊豎立。

西貢普通道近美裕街的西貢公路 12 咪半里程碑，可見其背面的空芯設計。

位於清水灣道 9 咪近銀影路的里程碑。

位於清水灣道 11 咪半近檳榔灣路的里程碑。

新界各處的里程碑

除了上述連接九龍與新界之間的公路外，一些連接新界內陸地區的道路相繼落成，方便連接主要墟市及市區。

沙頭角公路於 1923 年開始興建，連接粉嶺火車站至沙頭角中英街邊界，以取代效率欠佳的九廣鐵路沙頭角鐵路支線。由粉嶺火車站至禾坑凹的一段與沙頭角鐵路並行，鐵路停辦後更被納入公路的擴闊範圍，而禾坑坳至沙頭角一段則選擇穿越農田建立更直接的路線。在公路修築期間，已有車輛急不及待在這崎嶇的工地上行駛；鐵路的客源大幅減少下，本來計劃在 1926 年元旦日起停運，但最終待公路於 1927 年全線通車後，方在 1928 年 4 月 1 日起結束其短暫的歷史。

沙頭角公路里程碑為標準款式的花崗石三角柱，其中兩面分別刻有距離「FANLING」及「SHA TAU KOK」的里程，由沙頭角公路與大埔公路（今馬會道）交界的 0 咪里程碑起，相隔一英里設置一塊，直至公路與中英街交界第三號界石旁的 6¾ 咪里程碑為止。雖然這一組里程碑已全被拆除，但香港警務處保留了兩塊，其中一塊目前放置在位於灣仔峽的警隊博物館作展示。

除了沙頭角公路，1952 年政府亦開始興建由大埔通往沙頭角的公路，起點為大埔舊墟的大埔公路廣福橋口，途經汀角、船灣、南涌等村落，連接沙頭角公路近石涌凹，全長 10 多英里，分多段進行修建，落成後分別命名為**汀角路**、**新娘潭路**及**鹿頸路**。這段道路對稍後興建的船灣淡水湖工程帶來便利，但亦因此令新娘潭路一帶的村落遷移，並成為郊野公園範圍，車流甚少下，鹿頸路更只是以鄉村小路的形式完工。

大埔 - 沙頭角公路的里程以汀角路與大埔公路（即現時之廣福道）交界為起點，每相隔一英里設置一塊標準款式的花崗石三角柱里程碑，面向大埔的直立面刻有 FROM TAIPO 及里數。

- 左上圖：現放置在警隊博物館的沙頭角公路 3 咪里程碑，原位於大塘湖附近。
- 右上圖：位於汀角路近三門仔路的 3 咪里程碑。
- 左下圖：位於新娘潭路近郊野公園管理站的 6 咪里程碑，大約在 20 多年前的交通事故中被撞毀。
- 右下圖：位於新娘潭路近涌背的 7 咪里程碑。

SHA TAU
KOK
3 3/4
FANLING
3
FROM
TAI PO
3
FROM
TAI PO
7

在新界中部的錦田，早在 1920 年代興建連接元朗凹頭的**錦田公路**，以便利居民前往青山公路及元朗墟市。1937 年中日戰爭爆發，英軍選址石崗建立空軍基地，錦田公路亦伸延至石崗，作為基地的聯外通道，但隨着戰事的發展，廣東淪陷令石崗空軍基地的計劃被叫停。直至香港重光後，石崗計劃重啟，並增建**林錦公路**、**粉錦公路**及**荃錦公路**等軍用通道，隨後逐漸開放為軍民共用。

錦田公路、林錦公路及粉錦公路都使用標準款式的花崗石三角柱里程碑，面向行車線的兩面刻有由公路起點計的里數。錦田公路以青山公路交界處作起點，林錦公路的起點為大埔公路交界處，而粉錦公路則以錦田公路交界處為起點。

▲ 位於錦田公路近彭家村的 2 咪里程碑。

▲ 位於林錦公路嘉道理農場外的 3 咪里程碑。

▲ 位於粉錦公路高爾夫球場的 4 咪里程碑。

而荃錦公路則採用英泥製成直立方塊的形狀，石碑兩面均刻有英里里數，其里數是以尖沙嘴碼頭開始計算，視作青山公路的分支。由於興建地下鐵路，由青山公路至芙蓉山路之間的一段荃錦公路已被清拆，成為荃灣車廠的一部分，而昔日公路的起點位於福來邨永樂樓對面，即現時的西樓角路路口。

作為軍事用途為主的公路，荃錦公路除了用作連接石崗軍營與市區之外，在荃錦坳亦建有支路通往大帽山山頂的雷達站等軍用設施。**大帽山道**亦設有類似荃錦公路但體積較少的里程碑，由兩者的交界處起計每 ¼ 英里設置一塊。

荃錦公路的 13 咪里程碑。

大帽山道的 1¾ 咪里程碑。

荃錦公路與大帽山道的里程碑相信是由英軍設置，而類似的里程碑在前述於 1950 年代興建的軍路亦有發現，但其標示的距離以「碼」作單位（1 碼等於 3 英尺，1 英里等於 1760 碼），每隔 500 碼豎立一塊。

▲ 沙頭角紅花嶺 Robins Nest Jeep Track 的 5000 碼里程碑。

▲ 大埔九龍坑 Birdly Jeep Track 的 1000 碼里程碑。

大嶼公路接通各村

1950 年代中後期，香港人口急速增長，引致食水短缺問題嚴重，政府為增加食水來源，計劃在大嶼山石壁興建水塘，食水除了供應大嶼山本島外，亦透過輸水管道將食水送往港島以及鄰近的長洲、坪洲等離島。

由於工程運輸需要，政府首先興建一條連接梅窩至石壁的大嶼山公路，首段由梅窩至長沙的部分於 1957 年 8 月 3 日通車，兩年後再接通石壁，即現時的**嶼南道**。在石壁水塘水壩完工後，公路再經過水壩頂部向西伸延至羗山、昂坪、大澳等地；政府亦另外興建**東涌道**，由長沙登山跨過伯公坳，接通大嶼山北部的東涌。這些道路除了為島上居民帶來便利，每逢假日亦吸引市民到訪島上各處遊覽，為居民帶來新商機。

大嶼山公路的里程碑每相隔 ¼ 英里豎立一塊，由梅窩碼頭作為起點，經過嶼南道、**羗山道**及**大澳道**連接大澳。里程碑以鋼筋混凝土製作成三角柱體，頂部並沒有如常所見的標準款式的傾斜及凹入設計，面向行車線的兩面直立面刻有由起點計的里數。而東涌道亦有相同設計的里程碑，以東涌碼頭作為起點，直至長沙與嶼南道交匯為止。

雖然大嶼山南部歷年來道路的改動不大，但由於彎多路窄時有意外，加上日久失修，有部分里程碑已經散失。至於東面通道方面，隨着東涌新市鎮發展，加上東涌道擴建，目前只有改道後荒廢的**舊東涌道**路段能夠發現里程碑的蹤影。

1971 年 3 月 29 日大澳道落成通車的紀念碑，由時任港督戴麟趾爵士主禮。

羗山道近石壁的 9¾ 咪里程碑。

舊東涌道的 3 咪里程碑。

古道山徑問路石

當昔日香港仍然在新安縣治、以漁農社會為主的年代，連繫村落、墟市甚至縣城的通道，簡單者只是開闢泥路，較佳者則會在較崎嶇的位置，以石塊修整路面，而這些通道只是供人行走，或讓牲畜拉動木頭車經過。清朝印行之《新安縣志》內記載黎峒逕、錦田逕、觀音逕、大步逕、九龍逕，以及於乾隆年間在獅子山修建的山道，均為昔日要道。當然昔日之路徑不止於此數，鄉村之間亦有大大小小的路徑互相連接，成為錯綜複雜的交通網絡。

當在這些路徑上行走，到分岔路時又如何辨識正確方向？除了靠口耳相傳的資訊、粗略的早期地圖外，亦會間中出現刻有文字的碑石，指示不同方向可到之處，有些更會刻有該碑石所在之地名，以便路人對照資訊。這些碑石被稱為**問路石**，就像石頭會解答路向的意思，功能上就如現今在街道上的路牌一般。

問路石大多沒有刻寫立石的年份，但從不同年代出版的《新安縣志》等文獻對路徑的記錄、沿路各村落墟市成立的史料，足見問路石是記載人類活動的文物。

時至今日，除了一些偏遠的鄉村外，這些昔日修建的通道已經再不是日常生活所需的交通要道，有些已經煙沒於山林之間，亦有些亦早已成為現代道路的一部分。現今在郊野公園內的郊遊徑，不少都是由昔日的鄉村古道演變而成，例如元荃古道、蠔涌古道、橫七古道、苗三古道等，有些仍然保留着昔日的石砌小徑。

在郊遊的時候，不妨留意腳下昔日的古道兩旁，會否有問路石、修路橋碑記等歷史文物的出現。

- 第一列圖片：位於尖山與琵琶山之間的鷹巢山自然教育徑，有一塊問路石，刻有「左往大埔，右往沙田」的標示，示意前方分岔路的目的地。左路經城門谷前往大埔，為昔日由九龍寨城經大埔往深圳墟的古道「大步逕」的一部分；右路經大圍前往沙田。
- 第二列圖片：位於火炭桂地村山徑旁，豎立了一塊刻有「上往大埔」的問路石，此路屬於昔日由九龍寨城往深圳墟的另一條古道「九龍逕」之其中一段。
- 第三列圖片：位於大埔沙羅洞通往鶴藪水塘的山徑，刻有「左往沙頭角，右往坪山仔」的標示，此路是昔日往來大埔墟與沙頭角的主要路徑。

上往大埔
右平山仔
往
左沙頭角

2.3 界石

土地是陸上生物賴以生存的空間，動物尚且會透過分泌氣味以劃分地域，人類的土地紛爭亦從無間斷，為了土地資源而引發的戰爭經常發生。在精密土地測量尚未出現的年代，會以物件作為土地劃分的記號，最常見為山石河川等天然而看似恒久之物，亦會以堅固的人造物件為記認，豎立石碑就是最常見的一種土地界線記號，這些被賦予功能的石碑稱之為界石。

香港已知最早的界石可追溯至南宋時期豎立在大嶼山的「李府食邑税山」，用以標示被朝延賜予「番禺開國男」李昴英食邑三百戶的界線，現時已知有兩塊，一塊放置在梅窩碼頭對出的公園，另一塊則由香港歷史博物館收藏。另外在新界地區亦有不少界石，最常見為稱作「山界」的墓地界石，用以防止他人侵佔墓葬區域而影響風水。而村落周邊用作供奉土地伯公、大王爺等民間信仰的社壇會被村民視作村落界限的記號，至於以界石作為劃分村界則甚為少見。

界石所標示的界線，以及界石上刻寫的文字資料，默默反映着香港由昔日的漁農社會，到開埠後的城市發展，成為見證香港歷史的重要文物之一。當中不少界線會與街道為鄰，界石亦成為路人能夠接觸得到的舊物之一。

位於梅窩的「李府食邑稅山」界石。

維多利亞城界石

自 1841 年成為英國的殖民地開始，香港就如英國的其他殖民地一樣，由港口、山峰等天然環境，到城市、街道等建設，都以當時的君主名號命名，作為對君主的敬重。殖民地政府當初選擇在香港島北岸發展，逐漸確立其作為香港城市中心的地位，1843 年更將附近地帶命名為「維多利亞城」。

隨着城市的發展和擴張，維多利亞城向沿岸東西兩方分別擴展至銅鑼灣和堅尼地城。為確立準確的城市範圍，1903 年 11 月 20 日通過《維多利亞城界線條例》，以文字描述界線的定位，這條例隨後透過《釋義及通則條例》附表 1，延續至今：

北面界線：海港；

西面界線：由北至南畫一線，穿過內地段 1299 號的西北角位，並由該角位向南伸展 850 呎；

南面界線：由西面界線的南端向東畫一線，直至與龍虎山附近高出主要基準面（即在稱為「利福民的螺釘」的水準標誌對下 17.833 英尺相接）700 英尺的等高線相接，然後沿該等高線畫至與東面界線相接為止；

東面界線：沿皇后遊樂場西邊畫一線（現址為摩頓台西邊），直至與舊筲箕灣道（即銅鑼灣道）交匯，續以直線延展至內地段 1018 號（即聖保祿修院）的東南角，沿內地段 1018 號的南邊界畫線，再延至與黃泥涌谷東側的道路（即黃泥涌道）交匯，續延至黃泥涌學校（大約在養和醫院對面）的西北角，之後延至與南面界線相接為止。

隨着填海工程令海岸線伸延，東面界線經過數次修訂，現時的東面界線已修改為：沿銅鑼灣政府碼頭西邊畫一線，跟着沿興發街西邊，續沿高士威道北邊畫至摩頓台，後沿摩頓台西邊畫至內地段 1580 號（豐景大廈）東南角，續以直線延展 80 呎，然後沿棉花路北邊，再延至與黃泥涌谷以東的黃泥涌道西邊相接，續延至內地段 1364 號（即養和醫院）東南角，之後延至與南面界線相接為止。

為了讓市民得知城市的範圍，工務司署在條例生效後豎立 10 多塊刻有「CITY // BOUNDARY // 1903」的**界石**；每塊高約 1.3 米，闊 30 厘米，全是花崗石四角錐柱。界石設置在界線的兩端、西面界線與南面界線的交匯點、700 英尺等高線界線的兩端，以及界線與當年主要道路的相交點，當中後者亦可視作向途人標示前方為城市的範圍，因此在道路上豎立的維多利亞城界碑，除非曾經被移動過，否則所有刻有文字的一面均面向城外。

現存的**維多利亞城界石**共有 9 塊，由西至東排列位置如下：

維多利亞城界石地圖

青洲
硫磺海峽
卑路乍灣
石塘嘴
西營盤
堅尼地城
摩星嶺
龍虎山
西高山
薄扶林水塘
薄扶林
1
2
3
4
5

①西寧街堅尼地城臨時遊樂場，為原位於界線西端的近岸處，受填海工程影響於1978年遷移至現址。

②摩星嶺西北面山坡叢林內，即西面界線與南面界線的交匯點。

③薄扶林道與界線之相交點，位於薄扶林道與蒲飛路交界以南約280米路程。

④龍虎山西南面山坡叢林內，即700英尺等高線界線的西端。

⑤克頓
界線之
點，位
頓道與
道交界
約570
路程。

⑥舊山頂道與界線之相交點，位於舊山頂道與地利根德里交界以南約50米路程。

⑦聶歌信山西北面山坡叢林內，即700英尺等高線界線的東端。

⑧寶雲道與界線之相交點，位於寶雲道與司徒拔道交界以西約330米路程。

⑨黃泥涌道與界線之相交點，位於黃泥涌道與樂活道交界以南約90米路程。

另外在馬己仙峽道 15 號對出的路邊，亦曾發現一塊維多利亞城界石，但界石下半部被護土牆覆蓋，文字未能全部露出；已於 2007 年被移除，去向未明。

被移除前的馬己仙峽道維多利亞城界石。

中英邊境界石

世界上最重要，亦最多爭議的界線，可算是國與國之間的界線，我們在新聞亦經常看到各國之間為着邊境領土的爭端而引發戰爭，在和平友好的時候亦會以簽訂條約、豎立界碑作為確立互不侵犯的界線。

在香港的歷史上，經歷過 3 次的殖民領土改變，由 1842 年《南京條約》割讓香港島、1860 年《北京條約》割讓九龍、到 1898 年的《展拓香港界址專條》租借新界。除了割讓香港島以外，其後兩次的領土擴張均涉及與滿清帝國之間的陸地接壤，因此都需要劃定清晰的界線，並設置記號作為識別。

在 1860 年割讓的九龍半島，以昂船洲北端為開始，並在界線上豎立 8 塊界石。在租借新界後，九龍半島的發展迅速，舊邊界逐漸被開發成一條道路，成為割讓地與租界的分界，是為現時的界限街，而這條舊界線上的界石亦早已消失在歷史的洪流之中。

至於新界地區與滿清帝國之間的土地分界，在 1899 年簽訂《香港英新租界合同》，詳述界線範圍，當中大鵬灣、深圳灣之北岸潮漲可及之處，以及深圳河之北岸，均屬英界範圍，至於較難以天然環境作分界的地點，則在部分位置豎立木樁以作標示。這些木樁隨後由 20 塊以**花崗石刻鑿的方柱石碑**

取代，兩面刻有文字，作為恒久的界線標示。界石兩面的碑文分別以中英文刻寫其作為中英界線及生效年份，英文面向英界，中文則面向華界。碑文文字格式如下：

ANGLO-CHINESE
BOUNDARY
1899
N^O XX（編號 1 至 20）

年四十二緒光
界地英中
號X第（編號 一 至 二十）

這系列的**中英地界界石**由沙頭角海岸旁的一號，順序伸延至近蓮麻坑的深圳河上游起始處。在日軍佔領香港期間，曾移除位於中英街內的第三至七號界石，直至 1948 年由港英政府與中華民國廣東省政府共同堪訂重置，並在位於中英街橋頭附近、沙頭角河的兩岸，增設與中英地界界石相同制式的八甲（8A）及八乙（8B）號標誌點，作為替代位於河床中央第八號界石的定位作用，以兩塊標誌點直線距離之中心點作為分界。

時至今日，除了仍位於中英街內的 7 塊界石，以及在深圳境內的伯公坳哨所旁的第十一號界石，其餘的界石位置均在邊境地帶，即使有機會存在，亦難有途徑尋覓。

位於中英街歷史博物館門外的中英地界第一號界石，該位置現已完全納入深圳市境內。

位於深圳伯公坳哨所旁的中英地界第十一號界石。

除了陸地的界線，英國海軍亦於 1902 年在海上界線與陸地接壤的位置，即大嶼山的大澳、狗嶺涌及大鵬半島的西涌附近，豎立 3 座大型界碑，以宣示海域的主權。這 3 座界碑可稱為**嶼北界碑**、**嶼南界碑**及**大鵬灣界碑**，當中大嶼山的兩座仍在原位，可經由山徑前往，而大鵬灣界碑早在多年前倒塌，現由大鵬所城博物館保存展示。

這 3 座界碑由基座，闊 65 厘米、高 46 厘米的立方碑，以及闊 33 厘米、高 110 厘米的方尖碑三部分組成。立方碑的其中三面刻有中英文字，描述界線的位置及負責測量立碑的軍官戰艦名稱。這 3 塊界碑作為標示海界之界線，但為免受潮水海浪的影響，特意安設在海界着陸點對上數百英尺的山坡上，而由於大鵬灣界碑所在的陸地並非英界，故其中文碑文特別提及此點。

另外，從碑文可以看到，測量及設置此等界碑的過程只有英方海軍之參與，故此界碑的設置未必獲得當時的滿清政府同意，亦可能因此未有在鄰近赤灣炮台的南頭半島南端（今深圳市南山區）設置同樣的界碑。

嶼北界碑

此界石安豎在大嶼山北方即東經線壹佰壹拾叁度伍拾貳分自此界石正北潮漲處起點沿大嶼山西便一帶海岸向北直至南頭陸地南角盡處之平線

大英一仟九佰二年

管帶霸林保兵艦水師總兵官力會同本艦員弁等勘明界址共立此石界

1902

THIS STONE IS IN LONGITUDE 113°52'0"E FIXED BY LIEUT AND COMR F.M. LEAKE R.N. AND THE OFFICERS OF H.M.S. "BRAMBLE"

FROM HERE THE BOUNDARY LINE EXTENDS DUE NORTH UNTIL IT MEETS THE PARALLEL OF SOUTHERN EXTREMITY ON THE NAM – TAU PENINSULA. SOUTHWARD THE BOUNDARY FOLLOWS THE WESTERN SHORE OF LANTAU ISLAND

THIS STONE IS PLACED 380 FEET ABOVE H.W. MARK FOR THE PURPOSE OF PROTECTING IT FROM POSSIBLE INROADS OF THE SEA

嶼南界碑

此界石安豎在大
嶼山南方即東經
線壹佰壹拾叁度
伍拾式分自此界
石正南潮漲處起
點沿大嶼山西便
一帶海岸向南直
至北緯線式拾式
度九分
大英一仟九佰二年
管帶霸林保兵艦
水師總兵官力
會同本艦員弁等
勘明界址共立此
石界

1902

THIS STONE IS IN LONGITUDE 113°52'0"E FIXED BY LIEUT AND COMR F.M. LEAKE R.N. AND THE OFFICERS OF H.M.S. "BRAMBLE"

FROM HERE THE BOUNDARY FOLLOWS THE WESTERN SHORE OF LANTAU ISLAND UNTIL IT MEETS A SIMILAR STONE ERECTED IN THE SAME LONGITUDEION THE NORTH SIDE OF THE ISLAND SOUTHWARD THE BOUNDARY EXTENDS TO THE PARALLEL OF 22°9'0"N

THIS STONE IS PLACED 200 FEET ABOVE H.W. MARK FOR THE PURPOSE OF PROTECTING IT FROM POSSIBLE INROADS OF THE SEA

大鵬灣界碑

此界石安豎在美
士灣之東岸地嘴
高出潮漲處　丈
尺免漫濜也即
東經線壹佰壹拾
肆度叁拾分自此
界石正南潮漲處
起點正向南至與
北緯線貳拾貳度
九分會合處向北
沿美士灣一帶海
岸
大英一仟九佰二年
管帶霸林保兵艦
水師總兵官力
會同本艦員弁等
勘明界址共立此
石界

1902

THIS STONE IS IN LONGITUDE 114°30′0″E FIXED BY LIEUT AND COMR F.M. LEAKE R.N. AND OFFICERS OF H.M.S. "BRAMBLE"

FROM HERE THE BOUNDARY LINE EXTENDS DUE SOUTH UNTIL IT MEETS THE PARALLEL OF 22° 9′0″N NORTHWARD THE BOUNDARY FOLLOWS THE SOUTH SHORE OF MIRS BAY

THIS STONE IS PLACED 450 FEET ABOVE H.W. MARK FOR THE PURPOSE OF PROTECTING IT FROM POSSIBLE INROADS OF THE SEA

界碑的位置是根據當時香港天文台測量的經緯度作標準，但隨着天文台多次進行測量修正，以及在 1925 年透過接收格林威治天文台的電波訊號，校正香港的標準時間及經線，工務局以這個新數據，於 1929 年設置用作土地測量的基準原點，此後成為香港繪製地圖的標準。直至衛星定位的發展及全球航運的需要，以地球中心為原點的「世界大地坐標系統」成為主流，香港亦於 1990 年代開始跟隨，而沿用多年的本地原點基準便走進歷史。所以若使用 1980 年代以前的地圖，會發現界碑所標示的經緯度，與其豎立的地點會有一段數百米的差距。

新九龍界石

自從九龍於 1860 年割讓予英國，成為殖民地的一部分之後，英屬九龍的城市化便從維多利亞城對岸的尖沙嘴開始，一直向北伸延，逐漸接近當時的邊界；而在邊界西端的邊沿、尚在滿清治下的深水埗，聚居的人口亦開始增加；在邊界東端的九龍城亦早於香港開埠初期，先後有寨城、海關、碼頭的設立而日漸繁盛。直至 1898 年英國租借新界後，在舊界線以北與九龍群山之間的租界範圍，與英屬九龍再無阻隔，成為九龍半島城市化的一部分。

雖然同樣是租界範圍，但由於山嶺兩邊的土地使用及價值差異甚大，香港政府於 1899 年定立租界內的地税，土地按不同用途分為三等級，以收取不同的金額，並以東起鯉魚門西至荔枝角西碼頭之間的九龍山脊為界，界線以南的税金比界線以北多出一倍。這項收取地税的條文在 1900 年成為正式法例，稱為「九龍新界賦税章程」，而界線以南的租界地區，則被稱之為「**新九龍**」。

除了土地的價值外，鑑於租界內居民的各種原有權益和習慣俱予以保留，政府需要立法作相應的執行依據。另一方面，為城市發展及運作而建立的法律和規限，亦未必適合在幅員廣闊的鄉郊地區使用，同時若這些法律在與英屬九龍一線之隔的租界地區內未能有效執行，亦會為九龍區的發展帶來不便，因此政府有需要將兩者清晰劃分。而政府在 1900 年透過《新界條例》及 1911 年的《釋義條例》將**新九龍界線**納入法律框架之內。

可能由於租界只是剛納入殖民地的範圍，土地測量只是展開不久，在法例上並沒有精準的新九龍與新界之間的界線。然而隨着時間的推展，新九龍的發展範圍逐漸貼近這條只是以文字及簡圖簡單描述的界線；以新九龍地段的方式在界線以外的地方批出土地亦曾發生，例如向 Mr. Alfred Herbert Rennie 以新九龍地段方式批出位於將軍澳灣東岸的土地，即調景嶺一帶的地方發展麵粉工廠，位置上便已超出鯉魚門以外。

政府於 1937 年通過《釋義修訂條例》，當中涉及新九龍界線的定界問題，透過一份於 1937 年 12 月 8 日由工務司簽署及由總督加簽的圖則，標示出清晰的界線範圍。這次修定的法律效力亦維持至今，即現時香港法例第 1 章《釋義及通則條例》的附表 5。

新九龍界線與維城界線的原理接近，是以九龍群山南面 500 英尺等高線作基準，並以多塊在地圖上標明坐標的界石作定位，這些界石有部分已查明為軍部所設置，乃屬於魔鬼山軍事地段界線的界石。從界線的訂立時間上，巧合地與軍方建立醉酒灣防線的時間接近，而且軍部亦早已在大老山等九龍群山的高處設立軍事據點，因此，界線以九龍群山南面 500 英尺等高線作基準，從而將山上高地從新九龍範圍內釋出，極可能是為配合軍部的防衛計劃而作出修訂。

近年多位歷史研究者先後尋獲 4 塊**新九龍界石**，這些界石未有在新九龍界線地圖上標示。但巧合地，這 4 塊界石所在的位置，剛好在當年的車路或山路小徑旁邊，其作用相信與維多利亞城界石一樣，供市民辨明界線的位置。

其中一塊位於大埔公路近郝德傑道的新九龍界石為四方柱體，邊長約 30 厘米，三面刻有文字，北面為「NEW // TERRITORIES」，南面為「NEW // KOWLOON」，東面是作為為法律條文「LIMIT // UNDER // ORDINANCE / N° 26 OF // 1937」。另外綜合在扎山道、獅子山及畢架山山腰的 3 塊界石，其東、西兩面同樣刻有法律條文，但刻字排列與大埔公路的一塊略有不同，為「LIMIT UNDER // ORDINANCE // N° 26 OF 1937」，另外在頂部刻有一條直線，就像一條實體化的界線。

位於扎山道的新九龍界石。

▲ 位於大埔公路近郝德傑道的新九龍界石。

長洲界石

香港的氣候潮濕炎熱，即使長居本土的居民間中亦會感到不適，越洋來港的外籍人士則更難適應。為避開炎熱的環境，他們會選擇將居所遷移至地勢較高、較清涼的地方，政府亦會在政策上予以配合，例如 1904 年 4 月 29 日立法通過的《山頂保留條例》，如非獲港督批准外，只准許歐籍人士於山頂地區居住。另外，太古洋行在鰂魚涌大風坳興建的 Tai Koo Sanitorium，以及由英籍傳教士興建的大嶼山爛頭營，也是作為避暑用途的居所。

如同山頂區的政策，政府於 1919 年 8 月 28 日通過《長洲（居所）條例》，劃定長洲南部區域為歐籍人士住宅區。為了讓當地居民得知界線範圍，政府在界線上豎立了 15 塊界石作為標記。每塊界石為高約 27.5 英寸、闊 11.5 英寸的**花崗石四角錐柱**，底部有大約 16 英寸深的基座埋藏在地底，並在地表以英泥加固。在界石面向區域範圍外的一面刻有文字，以顯示這條界線涉及的法律條文格式如下：

B. S.
No. XX（編號 1 至 15）
ORD^{CE}
No. 14
1919

從當時的地圖顯示，界線由長洲西南面的鯆魚灣海旁開始設置第一號界石，以 4 條直線及 3 個轉折點伸延至長洲東灣，在長洲醫院對開的海旁設置第十五號界石，其餘的界石則設置在界線的轉折點，或當年與界線相交的小徑、田基之上。雖然有訂立清晰的界線，但在條例生效前已在界線範圍內的農田房舍未有強迫拆遷，而截至 1938 年，界線範圍內已建有 30 多所歐籍人士的房舍。

隨着二戰結束，殖民地主義瓦解，全球各地的殖民地相繼獨立，雖然香港當時並沒有歸還予中國政府，但一些被視為對華人不平等的法例逐漸被廢除，山頂及長洲的居所條例亦同

▲ 戰前的長洲南部為歐籍人士住宅區。

時在 1946 年 7 月 25 日取消。雖然條例已廢除將近 80 年，但現時在長洲南部的山區仍然可以見到天主教會的靜修院、大型英資機構的職員度假屋，以及不少已經荒廢的歐式房舍。而界線邊緣的位置，昔日的農田已建成住宅，小徑亦被樹林吞噬，已豎立過百年的長洲界石，有些已經藏身在人跡罕至的密林中，亦有些已隨着發展而被移除，目前只能尋獲當中的 11 塊。

▲ 第一號界石在西園農莊園區內，由園主在 10 多年前從地底掘出重置。

▲ 第 13 號界石位於長洲山頂道的路旁，是少有仍然在路邊的長洲界石之一。

各類地段界石

在香港出現頻率最多的界石碑，一定是在舊區街道上的樓宇角落、刻有數個字母及數字的小石塊。這些石塊稱為「**地段界石**」，常見於土地界線的轉角處，用作標示該地段的邊界，以便觀察或測量。在地政資料尚未電腦化、精密地圖亦未普及的年代，這些界石就成為確定地段範圍的依據之一。

香港土地根據不同的位置、用途及測量方式，而分設不同種類的地段，例如「內地段 Inland Lot」、「海傍地段 Marine Lot」、「郊區建屋地段 Rural Building Lot」、「農場地段 Farm Lot」和「花園地段 Garden Lot」等多種類別，在地段名稱前方亦會按需要加上地方名稱，由地域性的九龍、新九龍，到地區性的大坑、赤柱、紅磡、觀塘、屏山等等。地段編號有如該土地的身份證編號，土地或樓宇單位的地契上亦會清楚列明，在地段合併、分割及改變用途時更改編號亦時有發生。

英國接管新界後，由於土地幅員廣闊，加上只是向滿清政府租借而非永久割讓，因此急需進行大規模的土地測量，以釐清每塊土地的使用情況。當時政府從印度殖民地借調兩名英籍測量師塔特（Tate）及紐蘭（Newland），連同一批印籍工作人員，以進行大規模的測量工作。測繪圖最初以 16 英寸比 1 英里的比例繪畫，但由於比例過小，田地房屋等資料未能清晰顯示，因此在新九龍及鄰近地區的土地重新以

64 英寸比 1 英里的比例繪畫，被稱為「測量約份 Survey District」；而部分新界地區則以 32 英寸比 1 英里的比例繪畫，稱為「丈量約份 Demarcation District」。這些「約份」會按地區分配編號，再細分為若干地段。但由於其測量的精細度不高，亦缺乏坐標系統作定位，要將約份地段的資料轉化為準確的土地界線數據便顯得困難及複雜，因此這些地段甚少豎立界石，大既只有在新批租的土地上設置界石。

在 1970 年代以前發展的地段，需要按地契文件上標示的位置設置界石，但隨着地理坐標的普及，大比例精密地圖開放予民用並且更新愈加頻密，甚至全球衛星定位、地圖數碼化等新科技，查閱及測量準確的地段界線已更為方便；以界石來標示界線相對上變得不夠準確也不合時宜。而原有的地段界石亦在樓宇重建、土地平整等城市發展的過程中，逐漸消失於公眾的眼前。

九龍巴芬道的 KIL-3281RP 九龍內地段界石。KIL 即 Kowloon Inland Lot，RP 代表 Remaining Portion，會在地段分割後使用，但較少會在界石上出現。

九龍城龍崗道 24 至 26 號門牌的唐樓，在共用樓梯的中央刻有新九龍內地段編號 NKIL4065，作為其業權的標示。

「丈量約份」及「測量約份」地段的界石，由於其歷史因素，絕大部分的地段都沒必要設置界石。圖中的「DD186 // 365」代表「丈量約份第 186 約地段第 365 號」，該約份位於沙田銅鑼灣山。而「SD1L // 7435」即「測量約份第 1 約地段第 7435 號」，該約份位於九龍中部獅子山以下之竹園和九龍城一帶，而此界石位於衙前圍村。

▼ 花園地段及農場地段通常會在市郊使用，現時這類地段大多接鄰郊區建屋地段，作為以較低的價格擴展其花園面積。位於加列山道的 FL64，其四角錐柱形狀及附有箭頭的格式，是早期界石的特色；而在盧吉道的 GL49，與 RBL138 為鄰，是作為建屋地段的花園擴展部分。

▲ 巴斯墳場圍牆底部的地腳石刻有其地段 IL364，以標示圍牆作為該地段的邊緣。

▲ 中環利源東街的行人路石壆上刻有多個地段編號，編號之間並刻有分界線（見白色箭咀），圖中的 IL4591 和 4592 是其中之一。

▲ 現時灣仔的律敦治醫院，昔日是英國皇家海軍醫院，由於該地段是皇家海軍自行購入，將原址的海員醫院改作軍用醫院，因此有別於其他軍事地段使用的 WDL，而是沿用原有的內地段。在該地段使用的界石，除了刻有地段編號外，亦刻有代表海軍的船錨，這些界石在數年前皇后大道東擴闊工程期間移走保存，但至今仍未重置。

界石，尚有更多……

除上文所提及的界石外，香港亦有其他不同種類用途的界石，例如前英軍軍事用地的界石、1902 年作為規劃九龍水塘保護水源範圍的 Kowloon Waterworks 界石、劃定青山醫院範圍的界石等等，盼望日後再有另文一一細述。

九龍水塘界石設於 1902 年，合共豎立 32 塊，由一號界石所在的畢架山開始，經過琵琶山、金山等山嶺，至九龍水塘的東北面為止，圍繞的範圍與水塘的集水區接近，現時已尋獲當中的 25 塊。

作為全香港唯一一幅永久業權土地（Freehold Land）的聖約翰座堂，其界石刻有代表 St John's Cathedral 的簡寫「S. J. C.」及年份「1886」。

位於長洲大新街的一塊刻有「惠潮地界」的石碑，相信是長洲同鄉組織「惠潮府」昔日擁有的地界。

1840 年代第一代赤柱軍營的邊界曾豎立多塊刻有「BO」字樣的界石，「BO」是軍需處（Board of Ordnance）的簡稱，常見於早期的軍事設施。

第三章

街頭上的小文物

街道上有各式各樣的裝置，當中有些是方便市民的需要、保障市民的安危，甚至是用作維持社會的日常運作。這些不同種類的器物，不時會在我們身邊出現，卻未必知道有些已經在這個城市存在了數十甚至過百年。

這些實用性為主的裝置，在昔日不太注視歷史保育的年代，甚少會有人關注；我們每日擦身而過的舊物亦會在不知何年何日被拆舊換新，而且難以透過文獻資料去查考其歷史及演變，只能從舊照片回望過去，並到處尋找尚在城市街道之中的舊物身影。

3.1 由紅變綠的郵筒

自從香港於 1841 年成為英國殖民地後，不同的政府部門及公營服務相繼成立，當中作為負責傳遞通訊的郵政署亦由該年的 8 月 28 日開始，成為香港最早設立的政府部門之一。

在 1898 年 7 月 1 日西區分局及九龍分局開設之前，港九兩地的市民若要使用郵政服務，均要前往位於中環的郵政總局，甚為不便。1878 年 4 月 6 日及 12 月 19 日，郵政署先後在上環文咸街及西營盤七號警署外，設置香港首批柱型郵筒，並由附近的商號代售郵票，以滿足該區的華人及商行需求，郵寄信件到澳洲、三藩市以至南洋等地。

事隔數年，郵政署在 1887 年的年報中表示，計劃增設多間郵政局及郵筒，以便利市民的郵寄需要。直至 1891 年已確定引入 12 座柱型郵筒，將設置在維多利亞城、山頂及九龍各處，這些郵筒最終於 1892 年 8 月 15 日啟用。

隨後多年，郵政署不斷增加郵政設施的數量；在 1990 年代郵筒的數量已增至過千座。近年的通訊科技發展迅速，市民對郵遞的需求比以往大減，現時全港街道的郵筒數量比高峰期略減，但仍有略多於 1,000 座。

1892 年裝設在花園道與羅便臣道交界的 H21 號維多利亞幼圓柱型郵筒，現時放置在中環郵政總局內作展覽。

位於荷李活道與樓梯街交界的 H26 號愛德華七世粗圓柱型郵筒，數十年前被更換後由郵政署保存。

遠東小城的英國郵筒

香港所使用的郵筒，在 1980 年前除了一些簡單地以鐵皮或木板製作的小型郵筒外，基本上都是由英國入口或依循英式設計。在香港曾經使用的英式郵筒，主要分為**圓柱型**、**嵌牆型**及**燈柱型** 3 類，這些郵筒以生鐵鑄造，並會附有代表郵筒生產時在任英國君主的徽號，可視之為該郵筒的生產年代。這 3 類英式郵筒，可按其形狀、尺寸、規格等再作細分。

1. 粗圓柱型（Pillar Type A）

圓柱型郵筒是英式郵筒中最普遍的類型，現時常見的規格始於 1879 年訂立，最初設有兩種不同直徑的圓柱型郵筒，其中粗圓柱型的筒身圓周為 61 英寸；由於其容量較大，粗圓柱型郵筒通常會裝設在商業區、市中心等郵政需求較高的地區，但目前只餘下 4 座伊利沙伯二世粗圓柱型郵筒在街頭服役。

- 左圖：位於荃灣大窩口道的 K162 號伊利沙伯二世粗圓柱型郵筒。
- 右圖：位於九龍城太子道西與南角道交界的 K181 號伊利沙伯二世粗圓柱型郵筒；其右邊的長方型結構，昔日用作裝設機械式郵票售賣機。

2. 幼圓柱型（Pillar Type B）

相對於粗圓柱型，幼圓柱型郵筒的圓周為 49 英寸，直徑只是與粗圓柱型相差約 4 英寸，若非細心留意，一般市民未必會察覺。上文提及於 1892 年增設 12 座郵筒開始，幼圓柱型郵筒一直是香港郵筒的主力，雖然現時英式郵筒在香港已難得一見，但現存的 21 座幼圓柱型郵筒仍然是各款英式郵筒中數量最多的一員。

位於觀塘道近三山國王廟的 K90 號伊利沙伯二世幼圓柱型郵筒，它的投信口闊度為 8 英寸，屬於早期的版本。

位於青山公路近青龍頭村的 K145 號伊利沙伯二世幼圓柱型郵筒，投信口已增闊至 10 英寸，以方便市民投寄較大的郵件。

位於大嶼山梅窩碼頭的 H215 號伊利沙伯二世幼圓柱型郵筒，其頂部設有鐵板，昔日用作指示就近郵局的位置。

3. 橢圓柱型（Pillar Type C）

為應付日益增加的投寄郵件需求，繼前述兩款圓柱型郵筒後，英國皇家郵政於 1899 年增設比粗圓柱型郵筒更巨大，周界達 91 英寸的橢圓柱型郵筒，以增加儲信量。1960、70 年代香港經濟起飛，郵寄需求亦大增，中環商業區的郵筒經常滿溢，對市民構成不便，因此香港郵政署於 1970 年代中後期從英國引入兩座橢圓柱型郵筒作為試驗。

這兩座郵筒分別為位於皇后大道中萬邦行門外的 H238 號及位於遮打道皇后像廣場的 H239 號郵筒。H238 號郵筒在香港主權回歸前已被更換為方箱型郵筒，該橢圓柱型郵筒由郵政署保存，而 H239 號郵筒則仍然豎立在皇后像廣場，繼續為市民服務。

▲ 香港現存唯一一座橢圓柱型郵筒，是位於中環遮打道皇后像廣場的 H239 號。

▲ 橢圓柱型郵筒設有兩個投信口，郵筒內部亦分隔為兩個空間，可用作分開不同類別的信件，但在香港並沒有實行。

4. 大型嵌牆型（Wall Type A）

嵌牆型郵筒早在維多利亞時期已經引入香港，但數量上遠低於圓柱型郵筒。故名思義，嵌牆型郵筒的設立原意是鑲嵌在牆壁內，以減少對通道的阻礙，但在香港使用的嵌牆型郵筒，大多是以磚塊及混凝土包裹，安放在行人路上，嵌入在牆壁內的反而是少數。

嵌牆型郵筒多見於市郊地區的街道，或規模較小的郵政局外牆上，以配合投寄郵件的需求。目前香港所見由英國進口的嵌牆型郵筒，是以 1861 年制訂的規格生產，這種規格可分為 3 種尺寸共 6 款型號，而現時香港則只有其中的 3 款。3 款當中，大型嵌牆型郵筒在香港的現存數量最少，目前只餘下位於粉嶺安樂村的 K38 號郵筒，以及上水安國新邨的 K359 號郵筒。這款郵筒的主體部分闊 20 英寸，高 47 英寸，深 19 英寸，相當「巨型」。

位於上水安國新邨的 K359 號伊利沙伯二世大型嵌牆型郵筒。

5. 標準嵌牆型（Wall Type B）

相對於大型嵌牆型，體積較小的標準嵌牆型在數量上相對較多，現存 17 座分佈在西貢、元朗、長洲等鄉郊地區，以及市區邊緣的屋苑，其尺寸為闊 13.5 英寸，高 32 英寸，深 12 英寸，適合郵政需求較低的地區。

至於英國亦曾經有一款體積再小一點，闊 10 英寸，高 28 英寸的嵌牆型郵筒 Wall Type C，但由於在尺寸上相差不大，早已於 1931 年停產。

▲ 位於西貢萬宜新村的 K66 號 8 英寸投信口伊利沙伯二世標準嵌牆型郵筒。

▲ 位於青山公路近上竹園村的 299 號 10 英寸投信口伊利沙伯二世標準嵌牆型郵筒。

6. 標準雙門嵌牆型（Wall Type E）

在上述 3 種尺寸的嵌牆型郵筒的基礎上，英國皇家郵政於 1910 年增設雙門版本，以供安裝在郵政局外牆使用。在外觀上，由於郵政局門外已列出服務資訊，雙門版的正面省去了資訊框，只留有投信口及君主徽號；而在郵筒背面另設一門，供郵差可以在郵政局室內收取信件。

香港現存的雙門嵌牆型郵筒均為標準嵌牆型的雙門版，昔日大多安裝在舊式屋邨或鄉郊地區的郵政局，但隨着早期開設的郵政局相繼搬遷或關閉，現時只餘下錦田、新田、沙頭角及大澳這 4 間鄉郊郵政局仍然使用。

▲ 位於新田郵政局的伊利沙伯二世標準雙門嵌牆型郵筒。

▲ 標準雙門嵌牆型郵筒在郵政局室內的「後門」。

7. 燈柱型（Lamp Type）

英國皇家郵政為了在鄉郊地區擴展服務，於 1896 年開始使用一種輕巧細小的郵筒，可以懸掛在燈柱、電線桿等物件上，這種郵筒稱之為燈柱型郵筒。燈柱型郵筒在 1960 年開始在香港使用，其體積細小，尺寸只是闊 10 英寸，高 24 英寸，深 13.5 英寸，以懸掛在鐵柱或混凝土石柱的方式，豎立在偏遠鄉郊地區的街道上。當時郵政署為方便村民投寄信件，在新界主要道路近各條鄉村的村口位置廣泛設置郵筒，並按該村落的需求，而選擇安裝嵌牆型、燈柱型或木製郵筒。

雖然燈柱型郵筒早在香港主權回歸前已完全被後來的小方箱型郵筒取代，可謂唯一一款沒有「紅轉綠」的郵筒；但其實現時仍然有一個燈柱型郵筒，化身成嵌牆型的樣式，就是位於大圍世界花園的 K316 號郵筒。

▲ 現時在中環郵政總局內展出的伊利沙伯二世燈柱型郵筒。

▲ 位於沙田世界花園的 K316 號伊利沙伯二世嵌牆型郵筒，是由燈柱型郵筒改裝的。

郵筒上的殖民印記

英國郵筒最大的特色除了其鮮紅色的外表，還有其身上代表着英國君主的徽號，這除了作為代表英國的象徵，亦曾帶來英國國內的紛爭。

香港作為英國殖民地的時期，曾經歷過**維多利亞、愛德華七世、佐治五世、愛德華八世、佐治六世及伊利沙伯二世** 6 位在任君主，而郵筒上的徽號正正就是生產該郵筒時在位君主的徽號，因此這些徽號亦代表着郵筒的生產年期，可視為郵筒的身世證明。

上述的 6 位君主，當中只有維多利亞、愛德華七世及伊利沙伯二世時期生產的英國郵筒有引入到香港使用。隨着多年來郵筒的替換更新，現時街道上所見由英國生產的郵筒，只餘下伊利沙伯二世時期所生產的，而維多利亞及愛德華七世時期生產的郵筒已在 20 多年前從香港街道上消失，現在只能夠在中環郵政總局看到維多利亞時期幼圓柱形郵筒的展品。

雖然香港郵政署沒有從英國引入佐治五世及佐治六世郵筒，但在香港仍然可以看到他們的蹤影。位於香港仔的香港富麗敦海洋公園酒店一樓，放置了一座佐治五世標準嵌牆型郵筒，供住客退房時投入匙咭。而位於米埔的加州花園商場，發展商亦購入一座佐治六世幼圓柱型郵筒，作為私人郵筒，由郵政署安排收取信件，亦跟隨香港郵政署的郵筒轉為綠色。至於愛德華八世的在位時間短暫，該時期的郵筒甚至郵票，並未曾在香港出現。

▲ 曾在油麻地窩打老道使用的 K25 號維多利亞幼圓柱型郵筒，在退役後由香港歷史博物館收藏，曾成為「香港故事」常設展覽的展品，現時未再公開展覽。

▲ 最後一座在街道上使用的維多利亞幼圓柱型郵筒已於 20 多年前被替換，為位於九龍城東頭邨的 K278 號郵筒。

▲ 位於半山麥當勞道的 H20 號愛德華七世粗圓柱型郵筒，早於千禧年前因損壞而被更換。

香港富麗敦海洋公園酒店擺放在一樓大堂的英國生產佐治五世嵌牆型郵筒，可清楚看到郵筒的結構。

加州花園商場豎立的佐治六世幼圓柱型郵筒，由英國生產，產權屬商場所有，交由郵政署直接收取信件。這類郵筒上會張貼由郵政署署長發出的免責聲名。

此外，亦有一些郵筒只有一個皇冠，並沒有任何代表君主的徽號，這是由於英國成為聯合王國的一場歷史而引起。在十六世紀的不列顛島，當時的英格蘭君主伊利沙伯一世並沒有結婚產子，她的王位預期將會由她的表侄女，即蘇格蘭君主瑪利一世繼任；但在當時兩國的種種政治及宗教問題下，瑪利一世於 1567 年被迫將王位傳予其當時只得一歲的兒子詹姆士並逃亡到英格蘭，最終於 1587 年在英格蘭被處決。而伊利沙伯一世去世後，詹姆士繼承英格蘭王位，同時成為兩國的君主。

由於這段歷史因素，而且蘇格蘭王國從未有一位君主以伊利沙伯作為稱號，所以一些謀求蘇格蘭獨立的激進人士以此作原因，不承認伊利沙伯二世的稱號，並對帶有該徽號的設施進行破壞，例如曾經有郵筒被塗鴉甚至炸毀。隨後英國政府作出妥協，使用代表蘇格蘭王權的蘇格蘭王冠，取代伊利沙伯二世的徽號，於蘇格蘭地區使用。在正常情況下，這些使用蘇格蘭王冠的設施只會在蘇格蘭地區使用，但於 1970 年代引入香港的兩座橢圓柱型郵筒便採用了蘇格蘭王冠的版本，甚為少見。

在郵筒上鑄有生產廠商名稱，亦是英國生產郵筒的特色之一，這些廠商大多歷史悠久，除了郵筒外，亦會生產燈柱、電話亭等鐵器，甚至大炮等軍用品。除了鑄造廠名稱外，有些更會加上工場的所在地或鑄造年份，可謂郵筒的出生證明。

蘇格蘭王冠被視為蘇格蘭君主的王權象徵，英國政府及皇室在 1950 年代的爭議事件後，以此作為聯合王國君主在蘇格蘭地區的代表徽號。現時在香港採用這徽號的郵筒，僅見於皇后像廣場內的橢圓柱型郵筒身上。

伊利沙伯二世在任時期所鑄造的郵筒，大多會附有作為其徽號的聖愛德華王冠及「E II R」字樣。

嵌牆型郵筒的廠銘大多會鑄在底部，例如這座由 W.T.ALLEN & CO. LTD. LONDON 生產的雙門標準嵌牆型郵筒。

在伊利沙伯二世粗圓柱型郵筒底部的廠銘 CARRON COMPANY STIRLINGSHIRE；香港大部分從英國進口的郵筒都是由 CARRON COMPANY 所生產。

由 LION FOUNDRY CO LTD KIRKINTILLOCH 生產並曾進口到香港的郵筒，就只有兩座，同屬橢圓柱型郵筒。

香港製造的英式郵筒

香港的英式郵筒除了從英國進口，在英皇佐治五世至1950年代中旬伊利沙伯二世在位期間，亦曾仿照英國制式，在**本地生產圓柱型及嵌牆型郵筒**。這些郵筒由工務局委託本地生產商以生鐵鑄造，而其中一次的承造商為土瓜灣的庇利船廠。雖然這些郵筒未有如英國生產的郵筒般，鑄有生產商的名稱，但未必只有一間廠商生產，其他擁有鑄造鐵器能力的工場亦有機會承接生產郵筒的訂單。

這些**香港生產的英式郵筒**，當中的圓柱型郵筒使用幼圓柱型的規格，圓周同樣為49英寸，其投信口上方增設了擋雨蓋，以適應香港多雨的環境，是為與英國生產的圓柱型郵筒的最大分別。至於嵌牆型郵筒的外形及尺寸，則與英國生產的版本有頗大差異，其長方形的外圍帶有多條直線線條作為裝飾。除此以外，港產英式郵筒上的佐治五世及佐治六世徽號，亦與英國生產的版本有異。

另一方面，早期英國生產之圓柱型郵筒的投信口位於筒門的上方，但郵筒內的結構經常令信件被卡住，直至1905年更新設計，將投信口結合在筒門的頂部，即使信件被卡住，郵差在打開筒門收取信件時亦可以被看見。然而在香港生產的幼圓柱型郵筒，仍然是依照舊設計為藍本，因此推斷可能從英國郵筒更新設計開始，直至英國於1952年開始生產帶有伊利沙伯徽號的郵筒期間，香港有將近50年未有引入英國郵筒。

現時在街道上仍然有少量由香港生產的英式郵筒在使用中，包括 3 座佐治五世幼圓柱型、4 座佐治五世嵌牆型、1 座佐治六世嵌牆型及 1 座伊利沙伯二世嵌牆型。至於佐治六世、伊利沙伯二世，以及一款相信是佐治五世早期徽號的幼圓柱型郵筒，已於 20 多年前相繼從街道中被移除。

港產佐治五世及佐治六世郵筒的徽號，草書字體相同，只能從中間的羅馬數字看出分別。

▲ 位於觀塘康利道的 K91 號佐治五世幼圓柱型郵筒。投信口上方增設了擋雨蓋。

▲ 分別位於大嶼山石壁監獄的 H143 號，及九龍塘又一村高槐路的 K55 號佐治五世嵌牆型郵筒，其徽號分別置於筒門的上方及下方，郵筒邊緣的裝飾線條亦略有不同，可能為不同生產商所鑄造。

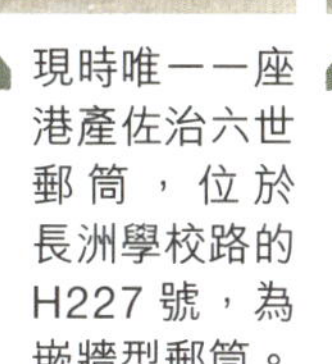

▲ 現時唯一一座港產佐治六世郵筒，位於長洲學校路的 H227 號，為嵌牆型郵筒。

▲ 一款相信是屬於佐治五世時期另一款徽號的港產幼圓柱型郵筒，最後一座是位於九龍灣麗晶花園的 K423 號，已於 20 多年前被更換。

▲ 港產伊利沙伯二世郵筒的數量稀少，現時只餘下一座位於元朗廈村的 K9 號嵌牆型郵筒。

▲ 最後一座港產伊利沙伯二世幼圓柱型郵筒已於 20 多年前被更換，是位於窩打老道與何文田山道交界的 K60 號郵筒。

香港郵筒的本地化

在英式郵筒以外，香港本地亦有生產不同款式的郵筒，有些甚至比柱型郵筒更早出現，但隨着新式郵筒的出現，較舊的郵筒亦逐漸被取代。

1. 木製郵筒與鐵皮郵筒

早在 1892 年增設 12 座郵筒之前，郵政署已經在山頂 5 處、山頂纜車車箱，以及尖沙嘴警署裝設以木板等簡單物料製成的小型郵筒，以方便一些距離中環郵政總局較遠的市民投寄信件。這些簡單的投寄設施，早年可能沒有被正式地納入郵筒的編制內，只是透過郵差到這些偏遠地方派遞信件時順便收取。

在 1950 至 60 年代開始，郵政署擴展對郊區的郵政服務，除了安裝從英國進口的郵筒外，在一些路途遙遠但人口稀少的地方，更會使用由木板或鐵皮製成的郵筒。這些簡便郵筒的體積好比市民用作收取信件的白鐵信箱，若非仔細留意，也未必能觀察其存在。

這些小型的郵筒在 1990 年代被陸續更換後，如今鐵皮郵筒只餘下兩個，分別位於大嶼山的羌山道近鹿湖，以及大澳道近羌山，兩者均放置在路口的避雨亭上。而木製郵筒亦有兩個分別位於黃竹坑的香港警察學院值勤室，以及大嶼山大澳吉慶後街的天后古廟門外。

絕大部分的木製及鐵皮郵筒都有其標準的規格，但上述在大澳天后古廟的一個則與別不同。從翻查資料及舊照片所得，此郵筒原為大澳鄉事委員會的前身大澳居民協會所設置。查郵政署昔日為方便市民購買郵票，會容許商號機構申領牌照代售郵票，以減少市民因就近沒有郵政局，或錯過辦公時間而未能購買郵票之不便。這些代售處除了發售郵票外，大多亦會提供代寄郵件之服務，而大澳居民協會就是其中一所郵票代售處，這個木製郵筒就是為代寄郵件之服務而設。隨着大澳鄉事委員會會址於 1972 年重建，此郵筒遷移至旁邊的天后古廟，而郵票代售處結束後，這個郵筒亦交由郵政署管理。

位於大澳道近羗山靈隱息肩亭的 H262 號鐵皮郵筒，與多個居民信箱為鄰。

位於香港警察學院值勤室的 H105 號郵筒，是現存唯一的標準規格木製郵筒。

位於大澳天后古廟門外的 H150 號木製郵筒。

2. 嵌牆型

在香港街道上所使用的嵌牆型郵筒，除了前文所述由英國引進和在本地生產的英式郵筒以外，郵政署在大約 1980 年代亦曾經生產過一批無徽號的嵌牆型郵筒，但產量不多。這批郵筒的設計簡單，沒有如港產英式郵筒的裝飾花紋。這款郵筒目前仍然有 3 座在使用中，分別是位於大嶼山貝澳的 H117 號、旺角太平道的 K157 號，以及元朗白泥的 K245 號。

位於旺角太平道的 K157 號無徽號嵌牆型郵筒。

3. 方箱型

戰後香港的人口及經濟發展急速增長，郵件的處理量亦相應上升，特別是中環、尖沙嘴等商業地區，即使密集地裝設郵筒、增加收信次數，各個郵筒仍經常載滿。繼引入橢圓柱型郵筒作試驗後，郵政署亦從新加坡引入方箱型郵筒；首座方箱型郵筒於 1980 年 3 月裝設在中環畢打街與雲咸街交界，以測試這款郵筒收集信件的能力。

方箱型郵筒除了容量比圓柱型更大，更可在郵筒內掛起郵袋，讓投入的信件直接落入，郵差收取信件時只須將郵筒內的郵袋取走，再掛上另一個郵袋便可，比以往需要在打開郵筒後才逐一將信件放入郵袋，效率大大提升。

自此，郵政署便開始自行生產相同樣式的郵筒，成為 1980 至 1990 年代香港最常見的郵筒。方箱型郵筒的筒身呈長方形，下方為圓柱形的底座，嵌入地底作為支撐，亦可因應地理環境或其他需要而改為其他形式的基座。設施方面，郵筒設有兩個投信口，郵筒內亦設有掛鈎，可同時掛上兩個郵袋，原意為可用作分開不同類別的信件，但在香港並沒有實行。

香港生產的方箱型郵筒最初與新加坡的一樣以生鐵鑄造，隨後改以玻璃纖維製成。當中玻璃纖維製造的方箱型郵筒亦可分為兩個版本，分別由郵政署外判廠商及懲教署工業組製造，可以從郵筒正面的收信時間框及擋雨蓋的位置觀察到兩者輕微的分別，而由懲教署工業組所生產的郵筒背面，亦會附有「CSi」的標誌。

郵筒背面的懲教署工業組「CSi」標誌。

位於粉嶺祥華邨的K396號生鐵製方箱型郵筒。同款式的郵筒現在已是難得一見。

由於方箱型郵筒的頂部平坦，容易積聚雨水滋生蚊蟲，甚至經常被放置垃圾，帶來環境衞生問題，因此郵政署於 1998 年 10 月推出改良設計，頂部改成圓拱形，以解決上述問題。在這種新穎的拱頂方箱型郵筒推出後，郵政署陸續以此取代英式郵筒及舊款方箱型郵筒，成為目前最常見的郵筒款式；舊款方箱型郵筒已變成難得一見，最早期的鐵鑄版本甚至比英式郵筒更罕有。

位於九龍灣德福花園的兩座玻璃纖維製方箱型郵筒，左邊的 K350 號為外判廠商生產，而右邊的 K481 號為懲教署工業組製造。

4. 小方箱型

在郵政署開始生產玻璃纖維製方箱型郵筒的同時，亦以此為藍本生產一款體積較小的郵筒，主要裝設在市郊、鄉郊等偏遠地區，以取代燈箱型、嵌牆型等低容量郵筒。

相對於方箱型郵筒，小方箱型郵筒除體積較細小，郵筒亦只設有一個投信口。同樣地，郵筒亦分別由郵政署外判廠商及懲教署工業組製造，因此分辨兩者的方法亦與方箱型相似。

在方箱型郵筒被拱頂方箱型郵筒取代的同時，小方箱型亦同樣被新的拱頂版本取代，數量亦日漸稀少。

位於東涌馬灣涌村的 K634 號小方箱型郵筒。

3.2 逐漸消失的街道舊物

在淘汰邊緣的電話亭

1876 年貝爾（Alexander Graham Bell）取得電話的發明專利後，世界各地開始試驗及架設電話網絡，而香港的商用電話服務由 1882 年開始運作。至於香港首個公用電話則由警局於 1920 年設於「山頂道下便之新橋棚」（《華字日報》，1920 年 1 月 1 日），至於此電話是只供接通警署抑或任何用戶？又是否需要收費？便不得而知了。及後電話公司在碼頭、纜車總站等處設置公共電話，每次通話費為 1 毫。

戰後，電話更見普及，不少商號均有裝設電話，甚至會向借用電話的顧客收取費用，而電話公司為杜絕此情況，1948 年開始在中環 4 所餐室裝設公共電話，並逐步推行至其他餐室、辦館等商號。使用這種公共電話需要向店家購買代幣，再將代幣投入公共電話的投幣口，此舉可能是為免再出現間中發生的偷取錢箱事件。

直至 1953 年初，電話公司決定在街道上裝設**電話亭**，並從英國購入鑄鐵電話亭及電話機等設備。這些電話亭屬英國 K6 型的款式，於 1935 年面世。香港電話公司採用墨綠色的塗裝，而非英國常見的鮮紅色。首座啟用的電話亭位於皇后大道中與雲咸街交界近娛樂戲院門外，於 1954 年 1 月 16 日下午 4 時 25 分接通，每次通話費為 4 毫。

花園道山頂纜車總站外的一座電話亭，可見其墨綠色的外表，而從舊報紙的資料中得悉，這個電話亭於1957 年 5 月裝設。

在香港某些地點仍可見到英國生產的K6型電話亭，例如上環西港城、海洋公園、黃泥涌峽陽明山莊、米埔加州花園等。這些電話亭並非使用墨綠色，而是跟英國一樣的鮮紅色，相信這些都是近年從英國購入的退役電話亭，用以營造舊日氣氛。

從這些英國製電話亭可以看到，其四邊的頂部均有王冠，雖然不像郵筒般鑄上在位君主的徽號，但從王冠的款式亦可得知其大約的生產年代，例如愛德華七世至佐治六世時期使用都鐸王冠，而伊利沙伯二世則採用聖愛德華王冠。電話亭背面的底部亦鑄有生產廠商的名稱。然而，從舊照片中看到，昔日在香港使用的英國製電話亭並沒有王冠，這是由於香港電話公司是一所私人機構，而非像英國般作為政府轄下郵政總局的一個部門。

加州花園商場的兩座電話亭，鑄上不同的王冠。左邊採用都鐸王冠，由 W MACFARLANE & Co. Ltd. SARACEN FOUNDRY GLASGOW 於佐治六世時期生產；右邊則使用聖愛德華王冠，由 LION FOUNDRY Co Ltd KIRKINTILLOCH 於伊利沙伯二世時期生產。

◀ 位於上環西港城內的兩座電話亭，
▼ 其中一座由英國 CARRON COMPANY STIRLINGSHIRE 生產，但王冠已經不見；而另一座則只是以白鐵製成的仿製品。

位於陽明山莊的英國製電話亭，由 LION FOUNDRY Co Ltd KIRKINTILLOCH 於伊利沙伯二世時期生產，亭內的座枱式公共電話，現時已非常罕見，昔日通常在便利店、酒店等場所裝設。

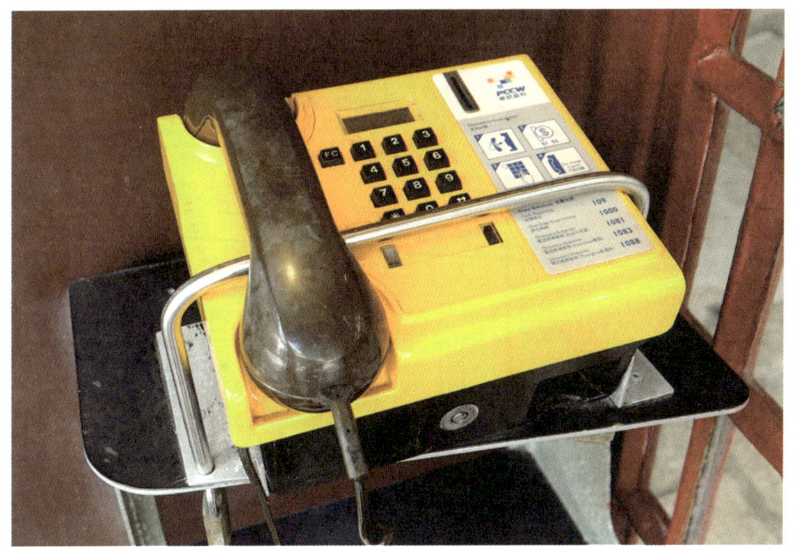

除了上述地方還可見到英國製電話亭，其他早已在街道上絕跡，取而代之的是以鋁質等金屬支架及膠板拼砌而成的方盒型電話亭。可是，隨着近代手提電話的興起，市民已甚少需要使用公共電話，甚至 10 多年前作為公共電話最大客戶的外籍家庭傭工，現已可透過智能電話與遠方的親友進行視像通話，昔日假期在中環見到工人姐姐們排隊打電話的情景已不再。為減低維護成本，電話公司陸續將一些使用量低的電話亭拆除，只會維持基本數量以應付市民日常所需，以往在市區每個街角都會見到電話亭，甚至數座電話亭並列的情況會逐漸消失。

▲ 現時最常見的兩款電話亭，右邊的一款於 1979 年推出，以取代英國製電話亭，而左邊的一款則在 1990 年代中後期推出。這兩座電話亭位於尖沙嘴彌敦道，拍攝時右邊的電話亭即將被清拆，公共電話機亦率先被拆走。

一些空間較少的街道，未能裝設可供使用者進入的電話亭，取而代之的是一座細小、空間只足以容納公共電話機的小型電話亭。

電話亭內除了裝有公共電話外，有些位處遊客區的電話亭內更裝有電話卡售賣機，方便需要致電長途電話的用戶，免去需要投入大量硬幣的麻煩。但電話卡早已停售多年，而這些售賣機亦於近年開始拆除。

為增加公共電話的數量，有些電話亭更會一分為二，中間以隔板對開，兩邊入口上方亦加上簷篷遮擋雨水。

率先照亮香港的煤氣燈柱

在未有電燈之前，市民只能倚靠油燈甚至蠟燭作為照明，直至 1862 年煤氣公司成立後，逐步鋪設煤氣管道，並於 1864 年 12 月完成裝設 500 盞**煤氣燈**，1865 年元旦日正式在皇后大道及上亞厘畢道一帶的街道上亮起；後來煤氣燈的使用範圍逐漸擴展至港島及九龍各處，但隨着電燈的興起，煤氣燈逐漸走進歷史。最後 4 盞仍然使用中的古老煤氣燈在中環都爹利街連接雪廠街的石階上，並成為法定古蹟，而近年煤氣公司複製生產這款古老煤氣燈，在香港各處豎立使用，例如灣仔利東街、淺水灣海景大樓及九龍灣零碳天地等。

▲ 戰前舊照片中的左方，可見一盞煤氣街燈豎立在街角。

除此以外，在香港各處的舊區仍然殘留着少量的煤氣燈柱，但已經不能再作為煤氣燈使用，甚至已改為安裝電燈。這些燈柱並沒有如都爹利街 4 盞煤氣燈般的命運，它們與其他大部分街頭文物一樣，並沒有受到政府相關部門的法例或行政上的保護。

▲ 位於都爹利街，已成為法定古蹟的煤氣燈柱與石階。

上環律打街與福安里交界的一支煤氣燈柱連同燈罩，與舊照片中的款式相同。

在西營盤東邊街旁的一條小巷內，豎立的燈柱雖然欠缺燈罩，但與煤氣燈柱為同一樣的款式。

電燈逐漸取代煤氣燈作為街道照明的主力，除了豎立街燈之外，電車的電線桿柱上亦會安裝電燈。

▲ 在中環些利街清真寺的花園，一盞昔日的煤氣燈已被改裝成電燈。

▲ 九龍醫院 A 座大樓門前的四盞街燈，同樣由昔日的煤氣燈柱改成。

為街道供應能源的配電箱

在街道的角落上有不少大小形狀不一的灰色鐵箱，這些鐵箱稱為**配電箱**，為街道上的街燈、交通燈、監察系統等需要使用電力的裝置分配供電，昔日更會用作供電予樓宇單位。

香港電燈公司於 1890 年成立，在灣仔建立首間發電廠，成為香港首間電力公司；同年香港首 50 盞街燈啟用，成為煤氣燈以外另一種照亮街道的工具。而 1904 年通車的香港電車公司，在初期自行建立發電系統，直至 1923 年才改為向香港電燈公司購電。至於中華電力公司，於 1903 年在紅磡建立發電廠，為九龍及新界地區提供電力。

德己立街近皇后大道中的路邊，安裝了一座 Callenders 配電箱。

電力由發電廠加壓輸出，再到各區的變電站降壓，繼而分配到各用戶之中，配電箱可謂這程電力旅途中最後的分支點。在家用的供電過程中，電力經過電錶接駁入住宅單位後，亦會首先經過配電箱，再分配到單位內各個位置。同樣在街道上的用電設施，亦需要經過配電箱作出電力分配，以及計算用電量。

這些在街道上使用的配電箱，在英國被稱為 Lucy Box，這稱呼乃源於早期最廣泛採用的配電箱生產商——1803 年於牛津成立的 Lucy Foundry。在香港，現存最古老的配電箱由 Callenders Co. Ltd. 生產，其特色為箱頂的立體裝飾，而配電箱的底部則鑄有 CALLENDER WARD PATENT 字樣。昔日由港燈及中電管有的 Callenders 配電箱，大多會鑄上電力公司的標誌，但經過多年來的更替，現時已經絕跡。

另外電車公司亦會裝設Callenders配電箱，而且仍有少量留存至今，但在箱上並沒有任何標誌。翻查英國的資料，當地法例規定電車的供電電纜必須以半英里作一個供電區間，避免長距離的供電故障，香港亦有類似的安排，而這些用作電車供電的配電箱就是因此而設置。

▲▶ 戰前的高士威道，路邊的Callenders配電箱為電車提供動力，遠處可見港燈公司的北角發電廠。

Cause way Bay Hongkong.

1950 年代的灣仔軒尼詩道與莊士敦道交界，循道公會禮拜堂旁邊設有一座 Callenders 配電箱，這個配電箱至今仍然保留在原位（見白色箭咀）。

7

7

◀▼ 在深水埗南昌街的一座 Callenders 配電箱，鑄有中華電力公司的舊標誌，但此箱已在大約 20 年前拆除。

▲ Callenders 配電箱頂部的裝飾，部分配電箱的底部亦會有文字。

作為供電設施，電力公司會定期為配電箱進行維修及更換，以保障安全，因此配電箱的替舊換新亦在所難免，除了 Callenders 配電箱以外，其他較為舊款而使用年期稍長的配電箱亦逐漸消失。

▲ 街道上間中仍會見到電車公司及中華電力公司的舊式配電箱。

尚在路面的石砌雨水渠道

香港作為南中國沿岸的亞熱帶氣候地區，夏天的大量雨水從山上傾瀉而下，城市中心的山腳沿岸地區必然受到重大影響，因此**排水渠道**必然作為開發香港的早期建設。在中環政府山東西兩端的亞賓彌谷和忌連拿利谷是太平山與歌賦山北坡水流的下游溪谷，亦是早期維多利亞城的重要水源，但洪水不時會導致山泥傾瀉，甚至毀壞道路及房屋。

為改善溪流的排洪能力，政府在這些溪谷下游修築由花崗石砌成的渠道，令洪水能較為順暢地流出大海。隨着時代的變遷，這些石砌的渠道大部分都已被覆蓋變成暗渠，但在一些溪流的中游位置，仍然可見到一些石砌渠道的痕跡。

羅便臣道經過忌連拿利谷的位置，在百多年前興建尖拱橋及石砌渠道，讓溪流在道路的下方穿過，這些建設在今日仍然保存完好。

Hongkong
The Glenealy Road
l by O. F. Ribeiro, Hongkong. No. 31.

另外在街道兩旁亦會以花崗石鋪砌**雨水渠道**，引導雨水流入街口的暗渠。但隨着道路建設的改善，街道上已廣泛地鋪設雨水暗渠，現時只能在維多利亞城舊城區中，一些長久以來沒有開放作行車道路的街道上，可以看到這些過百年歷史的路邊石砌雨水渠道。

▲ 昔日下亞厘畢道與上亞厘畢道交界，道路兩旁都築有石砌雨水渠。

◀ 在中環的卑利街、嘉咸街一帶，仍然可以在路旁見到一些石砌雨水渠。

滅火中不能缺少的消防栓

現時在街道上每隔數十米便會見到一座消防栓，最常見為頂部渾圓，並設有 3 個供水接口的款式；表面塗上紅色，表示供應淡水，亦有黃色的鹹水消防栓，以及代表未能供消防處使用的銀色消防栓等等。除此以外，亦有一些不同形狀和大小的消防栓，當中有些甚至有近百年歷史。

自從薄扶林水塘供水系統於 1863 年落成，政府在城市建立供水管道，並設置 125 個球形閥消防栓，但礙於供水管道較小，水量亦不大。直至 1920 年代陸續鋪設較大的供水管道，亦藉此於 1925 年開始安裝**台座式消防栓**，以逐步取代球形閥消防栓。這種台座式消防栓的外表為八角柱型，在柱的 8 邊直面塗上紅白相間的條紋，柱身設有兩個 2.75 英寸及一個 4 英寸的供水接口，頂部設有水掣。這些將近百年歷史的八角柱型消防栓仍然可以在中上環至銅鑼灣一帶，以及九龍塘的街道上見到。

位於九龍塘何東道的一座八角柱型消防栓，中間塗上的白色腰帶代表此消防栓不會受限制供水影響。

一幅於 1926 年連場暴雨過後在跑馬地黃泥涌道拍攝的相片，可見路上的一座八角柱型消防栓。八個表面塗上紅白相間的顏色。

二戰過後，現時最常見的**圓頭型消防栓**開始在香港廣泛採用，但數量趕不上城市的發展。適逢啟德機場完成擴建，政府於大約 1960 年代中期開始在九龍區的機場航道範圍，及港九人口密集的地區，設置約 10 多座**重型消防栓**。重型消防栓以圓柱型設計，尤如一座郵筒，其 4 個方向各設有 3 個供水接口，即合共 12 個，最上方的 4 個為 2.75 英寸接口，而其餘 8 個則為 4 英寸。隨着機場搬遷以及大量增設消防栓後，這些重型消防栓在近年已陸續拆除，現時只餘下 4 座。

位於九龍塘歌和老街的重型消防栓，在其身上有兩組編號，其中 28201 為此消防栓的目前編號，而 7 號則為舊有編號。近年消防處陸續將全港的消防栓重新編配編號，以減少重複。

Sha Tin
7
28201

另外亦有一款樣式較舊，但暫時未能從舊照片或文獻中追查其身世的消防栓。這款消防栓的外形與圓頭消防栓近似，但體型稍大，而且在頂部設有水掣。這款消防栓的數量不多，現時可在中上環、跑馬地、掃桿埔一帶發現其蹤影。

▲ 位於西營盤皇后大道西與荷李活道交界的舊圓頭型消防栓，可見其頂部的水掣開關，亦可以鬆開絲帽後揭開頂蓋進行維修。

▲ 位於屯門皇珠路的圓頭型消防栓，其代表不受制水影響的白色腰帶與現時常見的有別，是舊式的塗裝。

接通地底世界的井蓋

在街道地底之下，埋藏着不少的設施，由水道、電力、煤氣等公用設施，到不同類型的通訊網絡。在街道地面上不同類型款式的井蓋，就是接通地面與地底設施的通道，讓工作人員安裝設備、閥門，甚至進入渠道檢查維修。

這些井蓋當中，部分已經使用了數十年，當中好些設施所屬的機構、井蓋的生產商，已經更名甚至結業，成為香港城市發展的歷史見證。

▲ 香港最常見的井蓋是方形和圓形，圖中的兩塊井蓋均為太古船塢於 1963 年生產。

▲ 香港政府於 1960 年代曾委託武漢鑄造廠生產不同款式的井蓋。

渠務井蓋有「清圓方濁」之分，圓、方所指的並非井蓋的形狀，而是井蓋上防滑花紋的分佈。以方形整齊排列的是污水渠，需要經處理後方可排放；而以同心圓狀分佈則為雨水渠，可以直接排出河道或海港。圖中的組合井蓋中，左上角是污水井蓋，而右下角則為雨水井蓋，是工人進行維修後錯誤擺放而成。

地底亦會埋藏各種閥門，會以不同形狀及大小的井蓋作覆蓋。

香港首間有線廣播媒體麗的呼聲及麗的映聲，雖然在 1973 年終止有線電台業務及將電視台業務改以大氣電波發放，但至今在香港舊區各處都有機會見到其傳輸管道的井蓋。

煤氣及電力公司在街道上的小型井蓋，作為接駁線路或收集管線內的冷凝水等作用。

井蓋上亦能見到一些已消失多年的標誌，例如九廣鐵路（左上圖）、東區海底隧道（右上圖）和香港電訊（下圖）等等。

後記

繼《漫談香港郵筒》出版 10 年後，再次撰寫一本完整的書刊，雖然題材上的材料已搜集多年，但在寫作期間再次查找各種文獻，以及細看舊照片、明信片藏品中的街角細微之處，從中得到更多有用的資料，亦能重新檢視這些街頭文物的歷史背景。此刻文稿已告完成，自知在內容上未臻完美，但仍希望能夠透過這本書，將街頭文物的歷史故事呈現到讀者面前，還望各位閱後不吝賜教指正。

在二十多年來尋訪及研究街頭文物的過程中，首先要感謝幾個群體：首先是創立將近八十年的集郵組織——中國郵學會內一群研究香港郵政史的前輩及同儕們，教導我認識不同的古舊郵筒以至其他舊事物；網絡論壇「上山下海俱樂部」的網友們，雖然論壇以行山郊遊為主軸，但大家亦非常留意在郊野以至城市內的歷史建築及文物，並樂意互相分享資訊；網站「香港地方」及附設的討論區，聚集了一群喜愛在大街小巷到處遊走，記錄香港的發展變化及歷史變遷的網友。敝社之早期核心成員亦大多來自這三個群體，甚至近年新相識的朋友，也有些與這三個群體有一點淵源。雖然「上山下海俱樂部」及「香港地方」近年已先後結束，但在 1990 年代末開始在互聯網上吸收香港歷史知識的我輩，都會記得這兩個網站所作出的貢獻。

在項目研究及出版的過程中，感謝各位前輩、朋友及機構相助，此書方能順利完成。當中要特別鳴謝周樹佳先生、鄺智文教授、鄧家宙博士、溫佐治先生、劉國偉先生、成力峰先生、胡嘉麟先生、麥穗成先生、邱益彰先生、黃永傑先生、譚曉琳小姐及劉永康先生所提供的寶貴資料。另外亦十分感謝林村鄉白牛石村、大埔七約鄉公所、香港歷史博物館、古物古蹟辦事處及香港郵政，在研究過程中提供各種協助。

除此以外，敝社在 Facebook 建立的「香港舊式街牌 @ 史研社」群組的組員網友，共同建立維繫一個互通街牌近況消息、搜集昔日街牌圖片及資料的平台。無論是近年新發現的 T 型街牌、舊街牌被拆除、以至搜集之前未有進行詳細位置記錄的 1970 年代街牌等等，都能令公眾更關心這些街頭文物。

最後在此衷心感謝各位一直支持敝社的朋友及讀者們，並歡迎各位加入以下兩個 Facebook 群組，共同分享及視察我們身邊的歷史文物。

香港歷史研究社討論區

https://www.facebook.com/groups/hkhistory.org/

香港舊式街牌 @ 史研社

https://www.facebook.com/groups/hkstreetsign/

參考資料

書籍

Gavin Stamp, "*TELEPHONE BOXES*" (London : Chatto & Windus, 1989)

Hal Empson, "*MAPPING HONG KONG : A Historical Atlas*" (Hong Kong : Government Information Services, 1992)

Jean Young Farrugia, "*THE LETTER BOX*" (Sussex : Centaur Press, 1969)

Solomon Bard's, "*IN SEARCH OF THE PAST : A Guide To The Antiquities Of Hong Kong*" (Hong Kong : Urban Council, 1988)

Transport Department, "*The Language of the Road*" (Hong Kong : Transport Department, 1984)

工務司署地政測量處繪製，《香港街道與地區》（香港：工務司署地政測量處，1978）

中國郵學會編，《香港郵筒的故事》（香港：中國郵學會，2001）

李澤恩、胡嘉麟著，《漫談香港郵筒》（香港：香港歷史研究社，2015）

邱益彰著，《香港道路探索——路牌標誌 X 交通設計》（香港：非凡出版，2019）

香港郵政、中國郵學會編，《香港郵局及郵戳》（香港：香港郵政、中國郵學會，2014）

香港歷史研究社編，《爐峰史研・壹》（香港：香港自然探索學會，2015）

香港歷史研究社編，《爐峰史研・貳》（香港：香港自然探索學會，2015）

徐振邦著，《淘汰中的公物——電話亭》（香港：亮光，2021）

梁守朓著，《地界迷津——從百多年前的丈量約份圖説起》（香港：花千樹，2018）

張瑞威編，《鄉土社會的終結——東亞地區的殖民管治和土地政策》（台灣：國立台灣大學出版中心，2025）

舒懋官修《新安縣志》（嘉慶二十四年）

黃垤華編著，《香港輿地山川志備攷——【屏山區】輞井編・沙江編》（香港：商務印書館，2021）

錦田鄉事委員會編，《錦田鄉事委員會暨錦田青年中心開幕誌慶特刊》（香港：錦田鄉事委員會，2017）

齋藤幸治著，《軍政下の香港：新生した大東亞の中核》（香港：東洋經濟社，昭和 19 年）

鄺智文、蔡耀倫著，《孤獨前哨——再論一九四一年香港戰役》（香港：三聯書店，2024）

鄺智文、蔡耀倫著，《東方堡壘——香港軍事史 1840-1970》（香港：中華書局，2018）

羅肇忠著，《香港電話——早期電話史與原理》（香港：利文，2025）

檔案／期刊

Report of The Post Office Department
Report of The Director of Public Works
Hong Kong Hansard
Hong Kong Government Gazette
China Mail
Hong Kong Daily Press
Hong Kong Telegraph
大公報
工商日報
工商晚報
循環日報
華字日報
華僑日報
《中郵會訊》（香港：中國郵學會）

網站

Gwulo
https://gwulo.com/

Hong Kong Historic Maps
https://www.hkmaps.hk/

山野樂逍遙
http://www.hkhikers.com/

日據香港
https://digital.lib.hkbu.edu.hk/japanese_occupation_of_hongkong/

行行企企路線
http://www.hhkk.info/

地理資訊地圖
https://www.map.gov.hk/gm/

跑遊元朗
https://blog.terewong.com/

街頭文物蹤跡

編著
李澤恩 @ 香港歷史研究社

責任編輯
梁卓倫

裝幀設計
鍾啟善

排版
鍾啟善、楊詠雯

出版者
萬里機構出版有限公司
香港北角英皇道 499 號北角工業大廈 20 樓
電話：2564 7511　　傳真：2565 5539
電郵：info@wanlibk.com
網址：http://www.wanlibk.com
http://www.facebook.com/wanlibk

發行者
香港聯合書刊物流有限公司
香港荃灣德士古道 220-248 號荃灣工業中心 16 樓
電話：2150 2100　　傳真：2407 3062
電郵：info@suplogistics.com.hk
網址：http://www.suplogistics.com.hk

承印者
美雅印刷製本有限公司
香港九龍觀塘榮業街 6 號海濱工業大廈 4 樓 A 室

出版日期
二〇二五年七月第一次印刷

規格
特 16 開（220 mm × 150 mm）

Published and Printed in Hong Kong, China.

ISBN 978-962-14-7632-6